LES BELLES VOITURES

Des origines aux années quarante

LES BELLES VOITURES
Des origines aux années quarante

GRÜND

Note de l'auteur
Pour guider le lecteur dans les méandres de l'histoire des automobiles classiques, j'ai adopté un classement géographique. Cette histoire s'est déroulée exclusivement en Europe et aux États-Unis, la France jouant souvent le rôle de pionnier. Chaque chapitre commence en conséquence, logiquement, par les voitures françaises, les italiennes, les allemandes, les anglaises et les autres venant ensuite, et se termine par les américaines. Seul le début du premier chapitre, qui traite des balbutiements de l'automobile, ne respecte pas cet ordre.

Bonne route.

Andrew Whyte

PAGE 1. Radiateur d'une
Hispano-Suiza 1931 aux
couleurs espagnoles et suisses.
La mascotte, montée sur les
voitures de la marque à partir
de 1918, rappelle celle peinte
sur les SPAD de l'escadrille de
Guynemer pendant la Grande
Guerre.

PAGES 2-3. Rolls-Royce
produisit la Phantom II de
1929 à 1935. Ce splendide
coupé a été exécuté en 1932
pour le prince Ali Khan.

CI-CONTRE. L'Alvis 12/50,
apparue en 1923, est bien
représentative des voitures de
sport de qualité construites
par les britanniques pendant
l'âge d'or.

Texte anglais de Andrew Whyte
Adaptation française de Claude Dovaz

Première édition 1983 by Octopus Books Limited
59 Grosvenor Street, London W1
© 1983 Octopus Books Limited
et pour la traduction française
© 1985 Librairie Gründ S.A., Paris
ISBN : 2-7000-6408-9
Dépôt légal : septembre 1985
Photocomposition : Marcel Bon, Vesoul
Imprimé par Mandarin Offset, Hong Kong.

Table

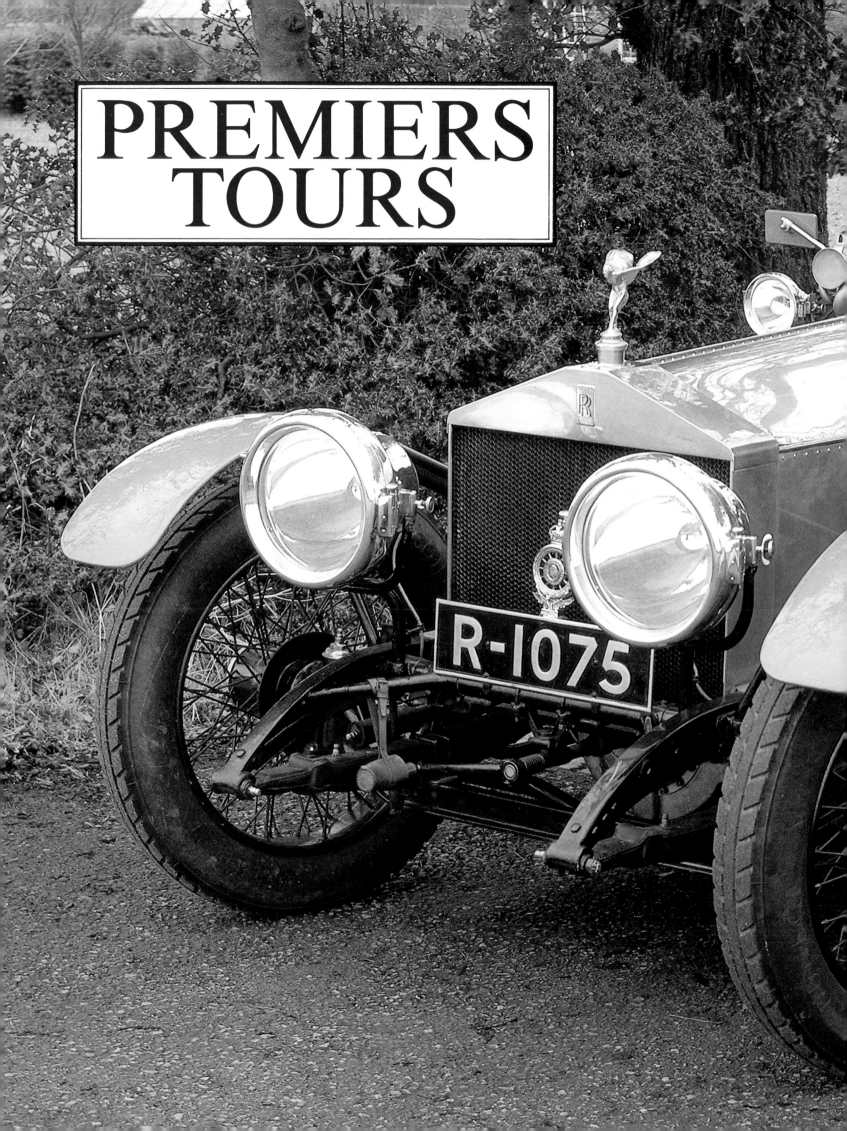

PREMIERS TOURS

▲ *Le second fardier de Cugnot construit en 1771, huit ans après le premier, avait vu le jour grâce à l'intérêt que lui portait Choiseul, ministre de la guerre de Louis XV ; c'est le plus ancien véhicule automobile parvenu jusqu'à nous. Le Comité Révolutionnaire donna l'ordre de le détruire, mais celui-ci ne fut heureusement pas exécuté.*

Dans les pays industrialisés, la voiture automobile fait désormais partie de la vie quotidienne du plus grand nombre et pourtant, elle garde encore un peu de la magie qui l'auréolait autrefois, de la dernière décennie du XIXᵉ siècle à la Deuxième Guerre mondiale.

L'homme avait déjà domestiqué la vapeur, bien des siècles auparavant, pour animer les « chariots de feu » de la dynastie chinoise des Zhou. Peut-être le père jésuite flamand Ferdinand Verbiest, astronome et missionnaire, mort en Chine en 1688, avait-il lu une description de ces « chariots » quand il écrivit lui-même un livre donnant des détails sur un char à vapeur de son invention. Ce véhicule, monté sur quatre roues, était dirigé par une cinquième roue à l'extrémité d'un bras. Au centre se trouvait un foyer à charbon sur lequel était posé un récipient en forme de cornue, rempli d'eau. La vapeur s'échappant du bec était dirigée sur un disque horizontal muni, à sa périphérie, d'aubes semblables à celles d'une roue de moulin à eau, provoquant sa rotation et celle de l'arbre sur lequel il était

monté. Celui-ci transmettait le mouvement à un des essieux grâce à un engrenage simple.

Verbiest affirme dans son livre que son char à vapeur disposait d'une autonomie d'une heure ou même davantage, mais nous ne disposons d'aucun témoignage confirmant ses dires, et son hypothétique engin n'est pas parvenu jusqu'à nous. La réalité du fardier à vapeur Cugnot, conçu près d'un siècle plus tard, est en revanche beaucoup plus tangible puisqu'on peut le voir et le toucher au Conservatoire national des arts et métiers de Paris.

Nicolas Joseph Cugnot, ingénieur du génie militaire français, construisit son premier véhicule en 1763 et devint le premier automobiliste du monde incontestable, quand il en fit la démonstration six ans plus tard devant les autorités militaires ayant encouragé ses recherches. Bien qu'il n'avançât qu'à la vitesse d'un homme au pas, le fardier, qui était destiné à tracter des pièces d'artillerie, s'écrasa contre un mur et il n'a pas été conservé. En 1771, Cugnot fabriqua un second véhicule, similaire mais plus grand, qui ne fut finalement pas adopté, des changements au sein du ministère de la guerre ayant mis ses protecteurs en minorité.

Par bonheur, le second fardier Cugnot fut remisé dans un arsenal d'où quelqu'un le tira en 1801 pour le faire transporter au Conservatoire. Le fardier est un gros véhicule (longueur 7,30 m, largeur et hauteur 2,20 m), rudimentaire par certains de ses aspects : châssis en bois, roues de 1,80 m à l'arrière, aucune suspension pour la direction, le moteur et, en porte-à-faux, la chaudière chauffée au bois. En revanche, d'autres solutions sont brillantes : traction avant par roue motrice unique, direction très moderne, distribution de la vapeur très élaborée. Le fardier Cugnot n'a pas connu de descendance directe, mais a eu valeur de modèle et a fait école beaucoup plus tard.

La vapeur fut partout le moteur du développement industriel. En Grande-Bretagne, un ingénieur écossais, William Murdoch, qui travaillait dans une fabrique de pompes à vapeur pour les exploitations minières, sema la terreur dans le voisinage quand il essaya sur la route, en 1784, la voiture à vapeur de son invention. Il provoqua aussi la jalousie de James Watt, un des directeurs de la fabrique, qui avait précédemment travaillé lui aussi à un véhicule routier automobile, mais avait dû renoncer à poursuivre ses essais, son activité professionnelle ne lui en laissant pas le temps. Selon la légende, Watt surchargea tellement de travail son rival que celui-ci fut contraint de renoncer à perfectionner son véhicule.

C'est à Robert Trevithick, pionnier du chemin de fer, que revient la gloire d'avoir construit une voiture routière qui fut essayée à Londres en 1803, sur Oxford Street. Son génie, comme celui de Cugnot, ne fut pas reconnu et il sombra dans la misère.

[...] Amédée Bollée, achevée en 1873. Quand [...] l'audace d'effectuer à son volant le [...]lta 75 contraventions (une tous les [...]ues avant indépendantes, muni [...]dres et d'un changement de [...] (Conservatoire des Arts et

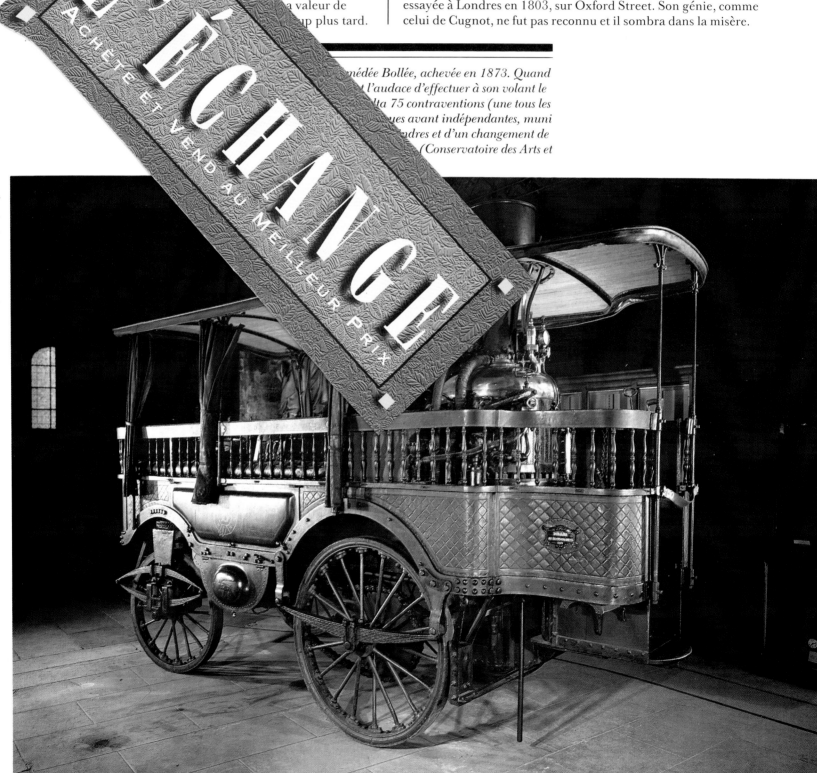

Après l'Europe, les États-Unis eurent à leur tour leurs pionniers de l'automobile. C'est un Gallois, Oliver Evans, qui fut le premier à s'y intéresser. Il déposa dans le Maryland, en 1787, un brevet pour un véhicule à vapeur.

Pendant tout le XIXᵉ siècle, des inventeurs construisirent des véhicules de toutes formes et dimensions, avec l'appui d'industriels audacieux. Un des plus remarquables pionniers fut le Français Amédée Bollée, fondeur de cloches du Mans, qui construisit une longue série d'autobus à vapeur. Il effectua notamment avec l'*Obéissante* à douze places le trajet Le Mans-Paris en 1873. Ce modèle, qui atteignait les 40 km/h,

tient compagnie au fardier de Cugnot au Musée des arts et métiers de Paris. Amédée Bollée construisit ensuite la *Mancelle* qui eut un succès considérable et figura à l'Exposition de 1878. La conception de ce véhicule était très moderne : moteur vertical à l'avant, sous un capot, transmission du mouvement à l'essieu arrière par arbre et renvoi d'angle conique avec différentiel.

Un autre Français, Étienne Lenoir, prit en 1860 un brevet pour un « moteur à air dilaté par la combustion des gaz » qui pouvait fonctionner soit au gaz d'éclairage soit aux hydrocarbures. Il le construisit et le monta sur un véhicule en mai 1862. Il s'agissait de la première réalisation pratique du

▼ *Le tricycle de Carl Benz date de 1885. Il est entraîné par un moteur monocylindre horizontal refroidi par eau développant 3/4 HP à 250 t/m, muni d'un allumage par bougie, bobine et batterie. On le mettait en marche en faisant tourner l'immense volant.*

Le premier véhicule à quatre roues, fruit de la collaboration de Gottlieb Daimler et Wilhelm Maybach, fut construit en 1886. Cette carriole, munie d'un essieu avant pivotant, était propulsée par le moteur monocylindre vertical Daimler, qui fut fabriqué sous licence dans de nombreux pays.

moteur à explosion. C'est encore à un Français, Alphonse Beau de Rochas, que revient la gloire d'avoir défini, en 1862, le principe du moteur à quatre temps — celui-là même qui équipe encore aujourd'hui nos automobiles — : premier cycle, le piston, en descendant, aspire dans le cylindre le mélange air-carburant (*admission*) ; deuxième cycle, en remontant, il le comprime (*compression*) ; troisième cycle, le mélange explose et repousse le piston vers le bas (*explosion*) ; quatrième cycle, le piston en remontant expulse les gaz brûlés (*échappement*).

Il faut pourtant franchir le Rhin pour trouver la première application pratique du moteur à explosion à quatre temps, qui allait permettre à l'industrie automobile de prendre son essor. L'ingénieur allemand Nikolaus Otto, de la fabrique de moteurs Deutz, construisit en 1876 le premier moteur à pétrole ayant un régime suffisamment élevé et une robustesse appréciable. Deux jeunes ingénieurs, Gottlieb Daimler et Wilhelm Maybach, qui travaillaient avec Otto, le quittèrent en 1882 et fondèrent leur propre entreprise près de Stuttgart. De la collaboration entre les deux transfuges naquit le moteur Daimler à pétrole qui fit l'objet

du brevet allemand 28 002 délivré le 16 décembre 1883. Ce moteur historique, un monocylindre vertical, est considéré comme l'ancêtre du moteur à combustion interne moderne. La même année, le Français Delamarre-Debouteville construisit la première voiture automobile propulsée par un moteur à explosion ayant roulé en vitesse sur une route.

Daimler ne voyait dans son moteur qu'un « accessoire » à monter sur des moyens de transport routiers, ferroviaires ou maritimes existants. C'est vraisemblablement Maybach qui le persuada de construire de bout en bout un véhicule automoteur : ainsi naquit en 1885 la première motocyclette.

Non loin de là, la même année, Carl Benz — qui avait mis au point en 1878 un moteur à gaz à deux temps — construisit le premier véhicule automobile mû par un moteur à pétrole à quatre temps refroidi par eau. Ce tricycle monocylindre, qui fit l'objet du brevet allemand 37 435 du 29 janvier 1886, prend place dans l'histoire comme le premier vrai véhicule routier proposé à la clientèle. Un an plus tard, ses rivaux Daimler et Maybach lançaient sur la route un véhicule automobile à quatre roues. Tel fut le début de l'industrie automobile.

La voiture automobile prend forme

Dès lors, les progrès furent rapides, la France étant encore une fois le flambeau, comme souvent dans l'histoire de l'automobile. Deux industriels, Émile Levassor et René Panhard, qui avaient acquis le brevet français du moteur Daimler, délivré en 1887, construisirent une voiture automobile à pétrole qui deviendra, sous le nom de système Panhard & Levassor, le modèle universel : moteur à l'avant, couplé à une boîte de vitesses transmettant le mouvement par chaînes au train arrière. Parmi les pionniers français, un certain nombre de noms sont devenus célèbres. D'abord la famille Peugeot, qui fabriqua des bicyclettes à partir de 1885 puis, en 1889, une voiture à vapeur en collaboration avec Léon Serpollet, lequel avait mis au point en 1881 la première chaudière à vaporisation instantanée. Peugeot équipa ensuite ses véhicules de moteurs Daimler fournis par Panhard & Levassor.

Ensuite viennent le marquis Albert de Dion et Georges Bouton qui, après avoir fabriqué des moteurs à vapeur pendant dix ans, prirent en 1889 un brevet pour un moteur à combustion interne qu'ils fabriquèrent pour leurs propres voitures et vendirent à leurs concurrents. Un de leurs titres de gloire est l'invention du fameux pont de Dion, un pont arrière solidaire du châssis, le mouvement étant transmis aux arbres de roues par cardans. Ce dispositif est encore utilisé aujourd'hui sur de nombreuses voitures.

Enfin, les frères Renault - Louis, Marcel et Fernand. Âgé de 21 ans, Louis Renault construisit en 1898, dans une arrière-cour, sa première voiturette, équipée d'un moteur de Dion.

Comme les autres constructeurs, les Renault participaient à des courses dont les premières eurent lieu sur les routes poussiéreuses de France. Deux des pionniers dont il a été

question y perdirent la vie : Émile Levassor et Marcel Renault. La première course fut organisée en 1887 par le magazine *Le Vélocipède*, encore que la seule « automobile » engagée fût le quadricycle à vapeur du marquis de Dion. Quoi qu'il en soit, celui-ci fut le premier vainqueur d'une course réservée aux automobiles quand il battit, en 1894, avec sa voiture à vapeur, tous les autres concurrents de la première course inter-villes qui pilotaient des Peugeot ou des Panhard équipées de moteurs à explosion. De Dion couvrit les 130 km séparant Paris de Rouen à la vitesse moyenne de 18,7 km/h. Mais les jours de la supériorité du moteur à vapeur étaient comptés.

L'extraordinaire essor de l'industrie automobile française ne doit pas faire oublier les pionniers des autres pays. En Italie, Giovanni Agnelli fonda à Turin les usines FIAT qui, au tournant du siècle, hissèrent l'Italie au rang des principaux producteurs d'automobiles. L'empire austro-hongrois eut aussi ses pionniers et tout d'abord le visionnaire Siegfried Marcus, indiscutablement un des premiers constructeurs d'automobiles du monde. Mais le nom qui vient immédiatement à l'esprit est celui de Ferdinand Porsche qui s'associa en 1898, à l'âge de 23 ans, au carossier Jacob Lohner pour construire un véhicule de sa conception.

▶ *C'est en 1894 que Panhard & Levassor, qui fabriquaient des automobiles depuis 1891, adoptèrent la disposition qui servit de modèle à tous : moteur à l'avant sous un capot et traction arrière. Ce modèle familial 10 HP date de 1902.*

▼ *De Dion-Bouton furent les premiers à mettre au point un moteur à haut régime, qui fut adopté par plus de cinquante marques dans le monde. Ce « Vis-à-vis » fut populaire au tournant du siècle. La banquette avant s'orientait, soit face, soit dos à la route.*

Boulogne-Billancourt, 1899. Marcel Renault est le passager de la de Dion-Bouton, à gauche ; Louis Renault pilote la voiturette Renault à moteur de Dion, au centre. La voiture de droite est le dernier modèle Renault.

Le développement de l'automobile fut freiné en Grande-Bretagne par une loi qui obligeait les conducteurs de véhicules mécaniques à se faire précéder par un homme au pas portant un drapeau rouge. Dans ce pays, le vrai début date de 1895, année où furent présentés les prototypes de la Lanchester et de la Wolseley, qui seront toutes les deux construites en série. L'originalité de Frederik Lanchester fut de repenser tous les éléments de l'automobile, écartant tout emprunt aux voitures à chevaux. Cela l'amena à des solutions qu'on retrouve dans la voiture moderne, notamment quant à la transmission, la suspension et la rigidité du châssis.

C'est difficilement que les partisans de l'automobile obtinrent en 1896 que la vitesse maximum autorisée (3 km/h en ville et 6,5 km/h hors des agglomérations) soit portée à 19 km/h. La même année un industriel, Harry Lawson, forma le *Daimler Motor Syndicate* dans l'espoir de monopoliser l'industrie naissante de l'automobile. Les Daimler anglaises furent construites à partir de 1897 à Coventry sous licence, selon le système Panhard & Levassor.

Aux États-Unis, certains rêvaient aussi de monopole, encore qu'il fallût être doué d'imagination pour croire que des automobiles pourraient un jour rouler sur les épouvantables routes de ce continent où les distances entre les villes sont immenses. Des milliers de brevets relatifs aux automobiles furent déposés, mais le n° 549 160 mérite une mention spéciale. Déposé en 1879 par George Baldwin Selden, son examen et celui de ses additions durèrent 16 ans pendant lesquels ceux qui s'intéressaient à l'automobile ne demeurèrent pas inactifs. L'incroyable se produisit en 1895 quand le brevet Selden, assez détaillé, qui couvrait « les voitures à moteur à combustion

interne » fut finalement délivré. Son bénéficiaire était davantage avocat qu'industriel et son véhicule ne fut jamais un concurrent redoutable pour les autres constructeurs. Il fallut cependant attendre le puissant Henry Ford pour que les prétentions de Selden fussent définitivement écartées.

Premiers records de vitesse

Au tournant du siècle, l'automobile acquiert enfin ses lettres de noblesse. Certains pionniers prospèrent et de nombreuses marques nouvelles sont créées. L'époque est marquée par la recherche de la vitesse et, une fois de plus, la France prend la tête. La première lutte pour le record du monde opposa, en 1898 et 1899, le comte Chasseloup-Laubat et Camille Jenatzy, un Belge. Le comte, au volant d'une voiture de tourisme modifiée construite par Charles Jeantaud, qui désirait ainsi promouvoir

ses taxis, établit un premier record à Achères, près de Paris, en décembre 1898. Dans les mois suivants, les deux rivaux se ravirent tour à tour le record de vitesse qui passa de 61,137 à 105,904 km/h. Ces deux voitures électriques bénéficiaient d'une forme aérodynamique primitive. Jenatzy resta, avec la *Jamais Contente*, titulaire du record jusqu'au 13 avril 1902, jour où Léon Serpollet, sur sa voiture à vapeur, le porta sur la Promenade des Anglais, à Nice, à 120,771 km/h. En 1904, Henry Ford dépassa les 147 km/h, puis le Français Louis Rigoly dépassa la vitesse magique de 150 km/h au volant d'une Gobron-Brillié à essence, portant le record du monde à 152,501 puis 166,628 km/h. Il y eut en France avant la Première Guerre mondiale de très nombreuses marques d'automobiles prestigieuses, et la Gobron-Brillié fut peut-être la plus typique de cette époque, alliant l'innovation technique à une haute qualité de fabrication. Cette marque disparaîtra dans les années vingt, victime des changements du marché.

Mais au début du siècle régnait la Panhard & Levassor. Sa victoire dans la Coupe Gordon Bennett en 1900 et 1901 fut acquise sans véritable opposition. Celle qu'elle emporta au *Thousand Mile Trial*, à l'issue de la première course britannique importante (courue sur 1 600 km environ) témoigne mieux de sa supériorité. Son pilote était à cette occasion Charles Stuart Rolls, qui sera un des fondateurs de Rolls-Royce.

Peugeot continuera à faire partie des grands de l'automobile malgré une scission au sein de la famille qui donnera naissance à l'éphémère Peugeot-Lion. Renault se taillera rapidement une place importante dans l'industrie automobile, produisant plus de

◀ *La production en série de la Lanchester commença en 1900. Cette automobile, qui ne devait rien aux voitures hippomobiles, possédait un châssis, une suspension et une transmission modernes. Cette belle bi-cylindre à moteur central date de 1904.*

▼ *Dans les premières années du XXᵉ siècle, le volant de direction fut universellement adopté. Herbert Austin, ingénieur chez Wolseley, pose ici (à gauche) à côté de sa dernière création.*

10 000 voitures par an avant la Grande Guerre. Renault joue aujourd'hui un rôle de premier plan dans la course automobile, et c'était déjà le cas en 1906, année où elle enleva au Mans le premier Grand Prix jamais couru.

De Dion-Bouton, qui fabriquait d'excellentes voitures d'un prix abordable, s'essouffla rapidement et Darracq reprit le flambeau. Citroën n'existait pas encore, mais Delage, Delahaye et Hotchkiss se faisaient un nom avec des automobiles de tempérament sportif typiquement françaises. D'autres grandes marques figurant en bonne place sur les circuits, comme Brasier, de Dietrich et Chénard-Walker, n'eurent pas une vie aussi longue.

La plus prestigieuse de toutes les voitures françaises de compétition ne naquit que peu avant la Première Guerre mondiale. Né en Italie, Ettore Bugatti gagna le grand prix de la ville de Milan à la première exposition internationale de l'automobile organisée à Milan en 1901. Il n'avait pas encore 20 ans. Le baron de Dietrich, qui était à la recherche d'idées, s'enthousiasma pour celles de Bugatti et invita celui-ci à venir travailler dans son usine, située en Alsace. Quand de Dietrich cessa de fabriquer des automobiles, Bugatti s'associa pour peu de temps avec Mathis, travailla chez Deutz, puis fonda en 1909 à Molsheim sa propre entreprise. Il dessina aussi les plans de la Bébé Peugeot, en 1912. Au moment de la déclaration de guerre, l'usine Bugatti occupait 200 ouvriers.

Partout en Europe apparaissaient des marques prestigieuses. Créée en 1904 en Espagne par Marc Birkigt, un ingénieur suisse des chemins de fer, Hispano-Suiza se taillait une réputation enviable pour l'élégance de sa ligne et la précision de sa fabrication. A partir de 1911, les Hispano-Suiza furent construites à Paris et à Barcelone. On doit à Marc Birkigt le moteur d'aviation à huit cylindres en V de 150 HP d'un dessin très pur qui fut construit sous licence dans tous les pays alliés. Le « 150 Hispano », bientôt poussé à 180 HP équipa les chasseurs et notamment le *Vieux-Charles* de Guynemer.

En Italie, FIAT produisait d'excellentes voitures de tourisme et aussi des voitures de course. Les deux grands pilotes de FIAT, dans la première décennie du siècle, furent Vincenzo Lancia, qui créa sa propre marque en 1906, et Felice Nazzaro qui remporta la deuxième édition de la Targa Florio en 1907 et le Grand Prix de l'A.C.F. à Dieppe, en juillet de la même année, à 113,637 km/h de moyenne devant la Renault qui l'avait emporté l'année précédente.

En 1910 à Milan, la société *Anonima Lombardo Fabbrica Automobili* commença à construire des voitures dans une usine où étaient précédemment fabriquées des Darracq françaises. Nicola Romeo s'associa à l'entreprise cinq ans plus tard, d'où la prestigieuse marque Alfa Romeo.

A côté de FIAT, la plus fameuse marque italienne de la première décennie fut l'Itala, une voiture de conception orthodoxe, robuste et rapide. C'est au volant d'une Itala 4 cylindres 40 HP que le prince Scipion Borghèse gagna en 1907 le raid Pékin-Paris, une expédition de 16 000 km parcourus en 60 jours devant Cormier et Collignon sur des de Dion-Bouton 8/10 HP 2 cylindres, et Godard sur une Spyker hollandaise de

▼ *Voiture de course de Dietrich 1905 (le second siège est destiné au mécanicien). A cette époque, la frontière entre la voiture de tourisme et la voiture de course était assez floue. Celle-ci n'était souvent que celle-là, dépouillée d'une partie de sa carrosserie.*

15 HP, 4 cylindres, tous trois classés ex-aequo en 81 jours.

On put admirer en 1897, au salon de l'automobile de Berlin, à côté des derniers modèles Benz et Daimler, une voiture ressemblant à la Benz, construite à Dessau par Friedrich Lutzmann. Les frères Opel, qui fabriquaient des machines à coudre et des bicyclettes, désiraient occuper rapidement une place sur le marché prometteur de l'automobile. Ils achetèrent le « système Lutzmann » et mirent en fabrication, en 1898, l'Opel-Lutzmann. La voiture n'obtenant pas le succès espéré, ils préférèrent, dès 1902, construire sous licence des Darracq françaises. Ayant acquis de l'expérience, ils offrirent ensuite leurs propres modèles. Wilhelm Opel remporta en 1909, au volant de l'une de ces voitures, la Coupe du prince Henri de Prusse. La production des usines Opel allait de la voiturette à de puissantes machines de plus de 10 litres de cylindrée. Elle s'est poursuivie jusqu'à aujourd'hui avec une interruption en 1911, quand l'usine de Rüsselheim fut ravagée par un incendie, et depuis 1928 sous le contrôle de la General Motors.

Il n'est pas possible de citer toutes les marques allemandes des débuts de l'automobile. Mentionnons cependant la *Fahrzeugfabrik Eisenach* qui construisit en 1898 une voiture sur le modèle de la Decauville française, puis son propre modèle sous les noms de Eisenach et Wartburg, bientôt remplacés par celui de Dixi. La marque Wartburg existe encore aujourd'hui en République démocratique allemande. Et n'oublions pas NSU — bien connu il y a quelques années pour ses voitures à moteur rotatif — qui fournit à Maybach et Daimler le châssis de la voiture qu'ils construisirent pour le salon de l'automobile de Paris, en 1889.

En collaboration avec Hans Nibel, Benz mit au point la monstrueuse *Blitzen Benz* d'une cylindrée de 21 litres, au volant de laquelle Hemery battit le record du monde de vitesse à Daytona, en Floride, le 8 novembre 1909, avec 202,655 km/h (à noter que le précédent record avait été établi en 1906 à 195,525 km/h par une Stanley américaine à vapeur). Benz et ses fils quittèrent l'entreprise qui, après de brillants débuts, allait connaître une fortune diverse.

L'industrie automobile allemande dut beaucoup, à cette époque, à l'enthousiasme d'un millionnaire autrichien, Emil Jellinek. Diplomate, banquier et homme d'affaires, il adorait l'automobile et sut convaincre Maybach et le conseil d'administration de Daimler d'étudier un nouveau modèle sportif, offrant une caution équivalente à la valeur des véhicules produits pendant une année. Le prénom de la fille aînée du mécène fut choisi pour baptiser les véhicules produits à Bad Cannstatt à partir de 1901 : c'est ainsi que naquit la Mercedes. Gottlieb Daimler mourut et son fils, ingénieur de talent, alla travailler à Wiener-Neustadt dans la nouvelle société Austro-Daimler qui produisit, en 1907 et 1908, une quatre-cylindres qui porta le nom de la fille cadette de Jellinek, Maja.

Les Mercedes de sport firent merveille entre les mains de grands pilotes comme Camille Jenatzy, qui remporta la Coupe Gordon Bennett en 1903, et Christian Lautenschlager, vainqueur du Grand Prix de l'Automobile Club de France en

▼ *Hispano-Suiza « Alphonse XIII » 15 T de 1912. Ce modèle rendit la marque célèbre. Équipée d'un moteur de 3,6 litres développant 75 HP à 2 250 t/m, elle dépassait les 110 km/h et, allégée pour la course, frôlait les 145 km/h.*

1908 à 116,63 km/h (devant deux Benz et une Clément-Bayard) et le Grand Prix de l'A.C.F. en 1914 (devant deux autres Mercedes, une Peugeot et une Sunbeam). Immédiatement avant la Première Guerre mondiale, la Mercedes imposait partout sa supériorité.

Austro-Daimler était la marque la plus importante de l'empire austro-hongrois. Ferdinand Porsche en prit la direction technique en 1906, quand Paul Daimler retourna en Allemagne. Porsche n'était pas le seul brillant ingénieur automobile d'Europe centrale : à l'usine de Nesseldorf travaillaient Edmund Rumpler et Hans Ledwinka qui dessinèrent d'excellentes voitures (Nesseldorf, la ville, devenue Koprivnice, se retrouva sur le territoire de la Tchécoslovaquie après la Grande Guerre ; Nesseldorf, la voiture, devint la Tatra dont il sera question plus loin).

La Suisse a toujours possédé davantage de banques que d'usines d'automobiles. Pourtant, à côté des Saurer, grandes routières solides et équilibrées, on y construisit en 1905 la Dufaux qui était équipée d'un énorme moteur de 26,4 litres de cylindrée. Les premières Dufaux furent fabriquées à Genève chez Picard & Pictet dont la propre voiture, dessinée par Marc Birkigt, le créateur d'Hispano-Suiza, la « Pic-Pic », était réputée pour la précision et le fini de sa fabrication.

La Belgique, pays industriel, vit naître quantité de marques. Les plus prestigieuses furent Excelsior, Métallurgique, Miesse (voiture à vapeur aussi fabriquée en Angleterre) et la plus fameuse, Minerva, une splendide automobile qui fut équipée dès 1908 du moteur sans soupapes Knight. C'est C.S. Rolls qui représentait la Minerva en Grande-Bretagne.

De l'autre côté de la frontière on construisait la Spyker (Spijker en néerlandais), que les cinéphiles connaissent bien pour l'avoir admirée, dans les années cinquante, dans le film *Geneviève*. Cette dernière était une Darracq.

Recherche de la perfection

Concevoir la meilleure voiture du monde a été le rêve de nombreux ingénieurs, mais qui donc aurait pu départager les prétendants ? Quoiqu'il en soit Rolls-Royce a prétendu, dès l'origine, être la meilleure, et nulle marque ne lui a longtemps disputé ce titre. Charles Stuart Rolls, pilote et importateur d'automobiles, désirait faire construire une voiture aussi proche que possible de la perfection. Frederick Henry Royce, constructeur de grues électriques, voulait construire sa propre voiture pour deux raisons : la Decauville qu'il avait achetée d'occasion en 1902 refusa obstinément de démarrer le jour où il voulut en prendre livraison et un ralentissement de ses affaires rendait souhaitable une activité complémentaire. Royce et son collaborateur Claude Johnson examinèrent en 1904 le prototype construit par Rolls et le moteur qu'il avait conçu : un 10 HP bi-cylindre avec un vilbrequin en acier au nickel et trois paliers, garants de silence et de longévité. L'association de Royce, l'ingénieur, avec Rolls, le commerçant, et la collaboration de Johnson, qui assurera la gestion, sera fructueuse. Rolls participa avec la voiture de Royce au *Tourist Trophy* de l'île de Man en 1905 et l'emporta en 1906. Après un fiacre de ville à moteur 8 cylindres en V, Rolls-Royce présenta au Salon de l'automobile de Londres, en 1906, une voiture de grand luxe, la 40/50 six-cylindres de 7 litres, incroyablement silencieuse et dont la

▲ Ford modèle T de 1910, la plus classique des voitures de série. Sa fabrication commença en 1908. 10 000 exemplaires sortirent de la chaîne en 1909 et 2 millions en 1923. Production totale jusqu'en 1927 : 16 millions et demi.

◄ Itala 1907 de course. A la coupe Gordon Bennett succédèrent dès 1906 les Grands Prix (Renault remporta le premier). L'Itala s'est illustrée en se classant aux deux premières places de la première Targa Florio en 1906 et en gagnant le rallye Pékin-Paris en 1907.

► Le pionnier américain Frank Duryea aux commandes de sa voiture, avec laquelle il remporta la course Chicago-Evanston (160 km), en novembre 1895 à 8,11 km/h de moyenne. En mai de la même année, Émile Levassor avait été le plus rapide dans la course Paris-Bordeaux-Paris à 24,6 km/h de moyenne.

puissance avait été volontairement limitée à 48 HP à 1 200 t/m. Baptisée *Silver Ghost* par Johnson, dont la politique était de n'offrir à la clientèle qu'un modèle unique, cette voiture sera construite à Derby.

Rolls, passionné par l'aviation, quitte la société en 1910 et meurt peu après dans un accident d'avion. Royce, en mauvaise santé, se consacre à la mise au point de moteurs pour l'aéronautique et c'est Johnson qui assume la responsabilité de l'entreprise. La *Silver Ghost* prouve son endurance en parcourant 22 500 km sans que le moteur soit arrêté une seule fois. Cette même voiture, allégée et dotée d'une carrosserie profilée, tournera en 1911 à 163,5 km/h sur le circuit de Brooklands.

Ces succès ne doivent pas faire oublier la voiture de course anglaise Napier qui emporta, en 1902, la coupe Gordon Bennett et atteignit la vitesse de 168,48 km/h en 1905 en Floride, pilotée par Arthur MacDonald. A partir de 1906, Napier se consacra à la fabrication de voitures de tourisme. Aux voitures de prestige, dont Daimler, favorisée par la famille royale, s'ajouta au Salon de 1911 la Vauxhall *Prince Henry* qui fut la première véritable voiture de sport anglaise.

Débuts de l'automobile aux États-Unis

Les frères Duryea, qui avaient déjà construit un tricycle à moteur en 1886, fabriquèrent en 1892 à Springfield, dans le Massachusetts, la première voiture automobile américaine à pétrole ayant vraiment fonctionné. Cette tentative ne déboucha sur aucune application industrielle durable.

La première voiture automobile du monde à être construite en série, l'Oldsmobile, ne faillit jamais voir le jour. L'usine où elle devait être fabriquée fut anéantie en 1901 par un incendie qui détruisit toutes les archives de l'entreprise. Par miracle, le prototype avait pu être sauvé. Démonté, il permit de reconstituer les plans de fabrication. La production put commencer avant même la fin de 1901 et elle atteignit 5 000 exemplaires l'année 1904.

Henry Ford, fils d'un émigré irlandais, construisit en 1896 un quadricycle dans l'atelier installé au sous-sol de sa maison, qu'il avait aussi construite de ses mains, à Detroit. Il fonda sa société en 1903 et éleva en janvier 1904, avec un bolide de sa fabrication, le record du mille lancé avec plus de 147 km/h, battant deux Français, Anger sur une Mors et Schmidt sur la Packard qu'il venait de construire. Sa première voiture classique fut la fameuse *Lizzie de fer-blanc*, le modèle T de 1908, équipé d'un moteur à 4 cylindres coulés d'une seule pièce, à culasse amovible, développant 20 HP, d'un allumage par volant magnétique et d'une boîte de vitesses à deux rapports avant et marche arrière commandés par deux pédales. Produite en grande série — il en sera fabriqué 16,5 millions — la Ford T, rustique et peu coûteuse, s'imposa sur le marché. Grâce à elle, Ford se hissa au premier rang des constructeurs. Il devait y demeurer 19 ans.

La General Motors, qui allait devenir son principal concurrent, fut fondée en 1908 par William Durant, qui contrôlait déjà Buick et allait absorber Oldsmobile et Cadillac.

▶ *Vauxhall « Prince Henry » 1913 avec son radiateur pointu caractéristique. Son moteur de 4 litres développait 45 HP à 2 500 t/m. Une boîte de vitesses à 4 rapports équipait ce modèle.*

▶ *ENCART. Olsdsmobile 1903, produite en série, avant même la Ford. Ransom Eli Olds, son créateur, dominait le marché en 1904 avec une production de 5 000 voitures.*

L'AGE D'OR

Quelques belles voitures classiques furent construites avant les années vingt, par exemple la Rolls-Royce *Silver Ghost,* l'Hispano-Suiza *Alphonse XIII* et la Packard à 12 cylindres en V, mais on admet généralement que l'âge d'or de l'automobile s'étend de la fin de la Première Guerre mondiale à 1930 inclus.

Si, pour l'homme de la rue, l'automobile était encore avant 1914 un engin peu familier, ce n'était plus le cas après le conflit, qui fut la première guerre mécanisée. Des milliers de gens furent en contact quotidien avec des véhicules automobiles, au front comme à l'arrière, notamment dans les nombreuses usines dont l'importance décupla pendant ces quatre années.

Les progrès du moteur à combustion interne avaient permis l'amélioration de l'aviation militaire, peu efficace au début de la guerre, et la construction de chars d'assaut suffisamment fiables. Les voitures civiles furent adaptées aux besoins de l'armée et les Français réquisitionnèrent les taxis parisiens pour transporter des troupes sur la Marne.

Mais l'automobile était toujours un moyen de transport réservé à un petit nombre de privilégiés. Les seuls véhicules relativement accessibles étaient les motocyclettes avec ou sans side-car, les tricycles et les quadricycles à moteur, ceux-ci cédant

la place aux voiturettes. Pourtant, on comptait en France 300 constructeurs à la déclaration de guerre. La crise économique qui frappa le monde occidental dans les années vingt réduisit ce nombre de plus de 80 %. Les gros devinrent encore plus puissants, les petits mirent la clé sous la porte ou se reconvertirent dans des productions industrielles moins risquées.

Le style français
De l'expérience technologique acquise pendant la guerre naquirent des voitures luxueuses d'une souplesse jusqu'alors inconnue. En France, l'exemple classique est celui de la Voisin, construite à l'aérodrome d'Issy-les-Moulineaux, dans la banlieue sud de Paris. Selon la petite histoire, quand on voulut essayer le prototype de la première Voisin, celle-ci démarra en marche arrière, la grande couronne ayant été montée du mauvais côté dans le pont arrière. On a raconté la même fable à propos de la première Volvo. Toutes les automobiles dessinées par Gabriel Voisin portaient, comme ses avions, la marque de son génie très original. Leurs carrosseries, étudiées pour offrir aux passagers un confort maximum, étaient souvent caractérisées par un

aérodynamisme d'avant-garde. Les Voisin des années vingt étaient équipées de moteurs sans soupape Knight exceptionnellement silencieux, dont le fameux V-12 extrêmement complexe. Les fanatiques de la marque appréciaient surtout la douceur et la précision de sa conduite, une des préoccupations principales du constructeur.

Hispano-Suiza était devenue davantage française qu'espagnole, et l'usine de Bois-Colombes, à la porte de Paris, était admirablement située dans le voisinage immédiat des grands carrossiers. La puissance du 6-cylindres en ligne à bloc moteur en aluminium et arbre à cames en tête incita Marc Birkigt à améliorer le freinage. Son modèle HB6, qui créa la sensation au Salon de Paris, en 1919, était équipé de freins sur les quatre roues et muni d'un servo-frein couplé à la boîte de vitesses. L'Hispano, extrêmement soignée, rivalisera pour le titre de meilleure voiture du monde avec la Rolls-Royce.

Blériot, Farman, Fonck et Gnome-Rhône furent plus fameux dans le monde de l'aviation que dans celui de l'automobile. Seuls quelques exemplaires des deux dernières marques furent livrés à la clientèle. La Blériot n'entre pas dans la catégorie des voitures classiques, mais la Farman, qui fut construite de 1920 à 1931, possédait de nombreuses caractéristiques de l'Hispano. C'était un véhicule de tourisme d'exceptionnelle qualité, équipé d'un gros 6-cylindres à arbre à cames en tête, possédant un radiateur aussi impressionnant que celui de l'Hispano et une boîte à quatre vitesses au lieu de trois. Ces deux marques prestigieuses allaient disparaître, ce qui prouve que même la quasi-perfection n'est pas une garantie de survie, Rolls-Royce restant l'exception.

Les voitures de sport françaises traditionnelles emportèrent trois des quatre premières 24 Heures du Mans, courues à partir

 PAGES 22-23. Hispano-Suiza 8 litres 200 ch « Boulogne ». Une version sport de ce modèle écrasa la Stutz à Indianapolis en 1928.

 Delage 2 litres modèle DIS de 1925 carrossée en grand sport. Cette voiture était équipée de freins sur les quatre roues.

 Bugatti type 37 4 cylindres 1 500 cm³ de sport 1925, équipée pour la route avec phares et ailes « cycle ».

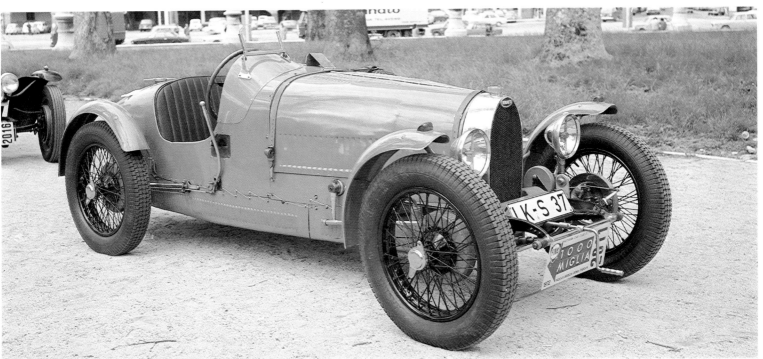

de 1923 pour promouvoir les véhicules de série. Les voitures y prenant part devaient compter quatre places et un lest correspondant au poids des passagers. Les vainqueurs furent successivement Chénard-Walker, Bentley, Lorraine et Lorraine.

Ettore Bugatti, Français de cœur, avait quitté l'Alsace et passé la guerre à Paris où il dessina des moteurs d'avion. Son génie fit des merveilles après son retour à Molsheim, redevenue française, et son merveilleux Type 35 8-cylindres, 2,3 litres, à arbre à cames en tête et compresseur, domina largement les Grands Prix de la fin de la décennie. Il produisit aussi des voitures de sport et de grand tourisme exceptionnelles. Quant à la fabuleuse *Royale*, elle fut victime de la crise.

Ballot et Delage furent les deux autres principales voitures de course françaises de la décennie. L'ingénieur suisse Ernest Henri, qui avait dessiné les moteurs des Peugeot de course d'avant-guerre, créa pour Ballot un superbe 4-cylindres 2 litres, à double arbre à cames en tête et 4 soupapes par cylindre. Ballot enleva les deux premières places du premier Grand Prix d'Italie en 1921 et présenta en 1928 une luxueuse voiture 8-cylindres en ligne qui fut fabriquée jusqu'à son absorption par Hispano-Suiza en 1932. Après un V 12 2 litres, Albert Lory donna à Delage un 8-cylindres en ligne avec compresseur de 1,5 litre, compresseur entièrement monté sur roulements (plus de 60 roulements à billes et à aiguilles) développant 170 ch, qui donna à la marque une totale supériorité pour la saison 1927, pilotée notamment par Robert Benoist qui eût été champion du monde si le titre avait existé. Delage construisit aussi des voitures de sport et de tourisme à 6 et 8 cylindres, généralement habillées par les

▶ Catalogue de l'Isotta-Fraschini 1925 de 7,3 litres, carrossée pour la ville et le tourisme. Ainsi que le suggérait le constructeur, c'était une voiture de rêve.

▼ Isotta-Fraschini 8A SS Super Spinto 1926. Équipée d'un moteur 8 cylindres en ligne à soupapes en tête de 7,3 litres, cette lourde voiture atteignait les 160 km/h.

meilleurs carrossiers, auxquelles il faut ajouter les Panhard & Levassor et les Hotchkiss.

Peugeot et Renault étaient les plus grands pour le nombre de véhicules fabriqués. Les Peugeot de course, de sport et de prestige étaient équipées de moteurs sans soupapes à l'image des Voisin. Renault, qui construisait une gamme de petites et moyennes voitures en grande série, présenta en 1929 la *Reinastella*, la première de la marque dont le radiateur fût disposé devant le moteur, une voiture de luxe équipée d'un 8-cylindres en ligne de 7,1 litres. Cette voiture remplaçait la fameuse 45 de plus de 9 litres, qui possédait encore des roues en bois !

D'une manière générale, les voitures françaises de l'après-guerre furent supérieures à toutes les autres pour leur fougue, leur style, la variété et l'originalité des solutions techniques adoptées, comme elles l'avaient été au début de l'histoire de l'automobile.

Élégance et vitesse latines

Dans les années vingt, l'Italie eut aussi sa voiture de grand tourisme prestigieuse, nettement supérieure au reste de la production nationale. En 1919, Cesare Isotta et Vincenzo Fraschini annoncèrent leur intention de concentrer leurs efforts sur un seul modèle qui, à l'image de la Rolls-Royce, serait la perfection même quant à la souplesse et au silence. La puissance du moteur 8 cylindres en ligne à soupapes en tête de 5,9 litres — le premier 8-cylindres au monde à être fabriqué en série — fut limitée à 80 HP à 2 200 t/m. La boîte à trois rapports de ce type 8 s'utilisait en conduite sportive, mais le couple était tel qu'il était possible de démarrer en prise. Le *Tipo Spinto* de 7,3 litres, 140 HP à 2 600 t/m le remplaça cinq ans plus tard, suivi en 1926 du type 8A SS (*Super Spinto*) donné pour 160 km/h sans perte de souplesse. Cette splendide voiture, essentiellement destinée au marché américain, ne pouvait espérer remporter de compétitions, mais n'était-il pas suffisant pour sa clientèle qu'Isotta-Fraschini eût un passé sportif glorieux ?

Itala remplaça en 1924 sa 2,8 litres par le modèle 61, une bonne 2 litres de grand tourisme qui n'eut pas le succès escompté. L'utilisation d'un compresseur, une traction avant et un V 12 de course ne furent pas menés à bien et la marque s'éteignit.

FIAT occupait en Italie la place de Renault en France et,

▼ *Alfa Romeo 6C 1928 du grand Vittorio Jano. Cette élégante voiture de sport fut la plus fameuse de la fin des années vingt. Elle était équipée d'un moteur 6 cylindres en ligne 1 500 cm³ double arbre à cames en tête, fourni sur demande avec compresseur. Sa tenue de route et la précision de sa direction étaient proverbiales.*

comme la plupart des grands constructeurs, proposait de temps à autre un modèle de prestige. Un impressionnant châssis, muni d'un V 12 de 7 litres, fut présenté peu après la guerre, mais il n'en fut construit que cinq.

La grande marque italienne des années vingt, qui devint vite synonyme de voiture de sport, se fit connaître par ses voitures de compétition. Giuseppe Campari, le grand pilote d'essai d'Alfa Romeo, donna à la marque sa première victoire sur route à Mugello en 1920 et remporta le Grand Prix de l'A.C.F. à Lyon en 1924. L'ingénieur Vittorio Jano quitta FIAT au milieu des années vingt et dessina pour Alfa Romeo de superbes voitures de sport : une 1 500 cm³ 6 cylindres à double arbre à cames en tête et compresseur en 1928, et un 1 750 de même architecture en 1929.

Vincenzo Lancia, qui fut un des plus grands pilotes de l'âge héroïque de l'automobile, avait quitté FIAT pour créer sa propre marque. Lancia, un constructeur de haute originalité, présenta en 1922 la *Lambda*, munie d'un 4-cylindres en V étroit en quinconce très compact, équipé de soupapes en tête, d'une cylindrée de 2 120 cm³ et dotée d'une suspension avant à roues indépendantes. Ce fut la première voiture à caisse autoporteuse (sans châssis indépendant), solution révolutionnaire à l'époque, maintenant universellement adoptée. Ce modèle fut suivi de la *Dilambda* équipée d'un V 8 de même conception.

Ces voitures prestigieuses ne doivent pas faire oublier Züst et son successeur OM, Ceirano, Diatto, Scat et les classiques Ansaldo et Bianchi.

Europe centrale et septentrionale

En Autriche, les talents conjugués de Willy Stift et des trois frères Gräf donnèrent naissance à la Gräf & Stift de 6 litres, voiture qui se voulait la meilleure du pays. Cette marque n'avait-elle pas, après tout, un passé impérial ? C'est dans une Gräf & Stift que fut assassiné l'archiduc François-Ferdinand, ce qui provoqua le déclenchement de la Première Guerre mondiale.

Mais des ingénieurs de premier ordre maintinrent Austro-Daimler au premier rang. Ferdinand Porsche dessina, avant de quitter cette entreprise, une 3-litres 6-cylindres à arbre à cames en tête, le modèle ADM. Son successeur, Hans Stuck, construisit la ADR *Alpine,* une 8-cylindres double arbre de 4,6 litres développant 120 HP. Ce modèle domina les courses de côte européennes au début des années trente.

Après des années de collaboration, Benz et Mercedes fusionnèrent en 1926, donnant naissance à la célèbre Mercedes-Benz. Bientôt, cette voiture devint une des voitures de sport les plus rapides avec le modèle 26/220S (6 cylindres, arbre à cames en tête, 6,8 litres portés ensuite à 7,1 litres) à

▼ *Mercedes-Benz SSK de 1928, 6 cylindres en ligne 7 litres, arbre à cames en tête avec compresseur embrayable, développant 160 ch sans suralimentation et 250 ch quand le pilote faisait hurler le compresseur. Le grand Rudolf Carraciola s'est illustré au volant du modèle de compétition dérivé de ce monstre.*

Deux versions de la
Hanomag 2/10PS,
première tentative de voiture
populaire allemande, qui fut
fabriquée à plus de 15 000
exemplaires de 1924 à 1928.
Cette minuscule voiture était
équipée d'un monocylindre de
500 cm³ placé à l'arrière.

compresseur embrayable, et ses successeurs raccourcis et allégés, SSK et SSKL. La première développait 120 ch à 3 000 t/m (175 ch avec le compresseur enclenché), la dernière frôlait les 300 ch. Ces voitures, en version course, entre les mains de grands pilotes tel Rudolf Caracciola, remportèrent de nombreux Grands Prix.

La Mercedes-Benz dominait toutes ses rivales allemandes à l'exception, peut-être, de la Maybach, plus luxueuse. Wilhelm Maybach, l'associé de Gottlieb Daimler aux temps héroïques, travaillait avec le comte Ferdinand Zeppelin à la fabrication de dirigeables (le Graf-Zeppelin LZ127 effectua la première traversée aller et retour de l'Atlantique en 1927). Son fils Karl Maybach, qui dessinait les moteurs de ces dirigeables, commença en 1921 à construire des voitures dont la plus prestigieuse fut, en 1929, la première V 12 allemande.

Le constructeur d'avions Edmund Rumpler présenta en 1921 au Salon de Berlin une voiture révolutionnaire directement dérivée de son expérience aéronautique, caractérisée par une ligne aérodynamique futuriste et un groupe moto-propulseur intégral comprenant un moteur 6 cylindres en W très court et un essieu articulé. Cette conception de l'essieu moteur sera ensuite reprise par Mercedes-Benz.

En 1923, Paul Daimler, le fils de Gottlieb Daimler, alla travailler à Zwickau, chez August Horch, où il dessina un 8-cylindres en ligne, double arbre à cames en tête, de 3,1 litres, porté ensuite à 4 litres, qui équipa la première des luxueuses Horch. Suivront de somptueux V 8 et V 16.

En 1928, Stoewer construisit la première d'une série de splendides 8-cylindres (l'usine Stoewer installée à Stettin — Szczecin —, maintenant polonaise, sera détruite pendant la

Lancia Lambda 1930. Sous cette carrosserie conventionnelle due à Farina se dissimule une voiture de conception très moderne comprenant une plate-forme autoporteuse, une suspension avant à roues indépendantes et un moteur V4 en quinconce très compact. La première Lambda était sortie en 1922.

▲ *Bentley 4,5 litres 1927 admirablement restaurée. Cette belle voiture de sport est équipée d'un moteur 4 cylindres à arbre à cames en tête, développant 110 ch à 3 500 t/m. Ce modèle remporta les 24 Heures du Mans en 1928.*

▶ *La Rolls-Royce Phantom II Continental apparut à la fin de la décennie. Cette belle conduite intérieure de ligne très pure, carrossée par Park Ward, date du début des années trente.*

Deuxième Guerre mondiale).

La Belgique avait été dévastée par la guerre et de nombreuses marques avaient disparu, pourtant plusieurs voitures de sport et de luxe y furent construites dans les années vingt, notamment la Miesse, la Métallurgique 4-cylindres 2 litres, l'Excelsior *Albert 1er* 6-cylindres 5,3 litres, dont la suspension arrière était dotée pour la première fois de la barre stabilisatrice qui sera universellement adoptée pour les ponts suspendus et surtout la splendide Minerva 6-cylindres 6 litres sans soupapes.

Aux Pays-Bas, Spijker, qui s'était illustré au début du siècle dans le raid Pékin-Paris, construisit de 1921 à 1925 une 6-cylindres 5,7 litres, puis la marque disparut.

En Suède enfin, l'entreprise de roulements à bille SKF et d'autres industriels s'associèrent pour créer la marque Volvo, qui existe encore aujourd'hui et dont la devise était : « nous améliorons, mais nous n'inventons pas ».

Les belles Anglaises : luxueuses ou sportives
Rolls-Royce illustre parfaitement le boom économique éphémère de l'après-guerre. L'avion qui effectua la première traversée de l'Atlantique Nord, en 1919, était équipé de moteurs

Rolls-Royce. La même année, la marque annonça l'ouverture d'une usine d'assemblage aux États-Unis. Suivant l'exemple d'Hispano-Suiza en adoptant les freins assistés sur les quatre roues et en ajoutant des accessoires, tel un démarreur électrique, Rolls-Royce donna une nouvelle jeunesse à sa 40/50 *Silver Ghost* d'avant-guerre. Renonçant à sa politique d'un seul modèle, Claude Johnson annonça, à la fin de 1922, la construction d'une « petite Rolls-Royce », le modèle 20. Le prix de cette voiture munie d'une carrosserie découverte était largement inférieur à celui du châssis nu de la 40/50.

Pour remplacer celle-ci, la luxueuse *Phantom I* 6-cylindres 7,7 litres à soupapes en tête fut présentée en 1925. Johnson mourut peu après et fut remplacé par Arthur Sidgreaves qui lança en 1919 la *Phantom II,* complétée en 1930 par la *Continental Phantom II* à laquelle Rolls lui-même, maintenant à la retraite, donna sa bénédiction. Grâce à son châssis plus bas, ce modèle put recevoir des carrosseries d'une harmonie presque parfaite.

Napier ne sut pas garder sa place sur le marché des voitures de grand luxe, très étroit, largement dominé par Rolls-Royce. Des grèves, dans son usine de fonderie et les ateliers de carrosserie où cette voiture était habillée, hâtèrent, en 1924, la disparition de la marque.

L'Écosse produisit aussi des voitures de luxe, notamment la Beardmore 1924 (4 cylindres, 2 litres, arbre à cames en tête), l'Argyll et la très belle Arrol-Aster 8-cylindres sans soupapes qui pouvait être livrée avec un compresseur.

Walter Owen Bentley, ingénieur en aéronautique, ancien importateur des voitures françaises DFP, dessina son premier châssis en 1914, le présenta au Salon de Londres en 1919 (avec un moteur factice) et livra sa première voiture en 1921. La Bentley N° 1, pilotée par Frank Clément, remporta sa première course à Brooklands la même année.

Le Bentley originale, 4-cylindres, 3 litres, arbre à cames en tête, remporta les 24 Heures du Mans en 1924 et 1927 ; la 4,5 litres 4-cylindres en 1928 et la *Speed Six* 6-cylindres 6,6 litres en 1929 et 1930. La construction de cette dernière, dérivée de la voiture conçue pour concurrencer Rolls-Royce sur son marché, une 6-cylindres 8 litres de 220 ch, aggrava les difficultés financières de la firme et Bentley perdit sa bataille contre Rolls-Royce. Napier tenta de revenir sur le marché de l'automobile en reprenant l'entreprise Bentley, mais celle-ci fut finalement absorbée par Rolls-Royce qui pourtant conserva la marque, célèbre pour ses performances sportives.

D'autres voitures de luxe hors du commun furent construites dans les années vingt en Grande-Bretagne. La plus connue fut la Leyland 8-cylindres 7,3 litres 145 HP à arbre à cames en tête, datant de la première année de la décennie et magnifiquement habillée par un carrossier qui deviendra célèbre, Vanden Plas. Cette automobile exceptionnelle fut la plus puissante et la plus chère de 1920.

La Lanchester 40, dérivée du modèle de 1914, était aussi très chère. Le second frère, Georges Lanchester, ayant des goûts plus conservateurs que ceux de son aîné, cette 6-cylindres en ligne, 6,2 litres à arbre à cames en tête était d'une esthétique classique, mais pourtant marquée par des innovations techniques destinées à la rendre plus silencieuse : boîte de vitesses à pignons épicycloïdaux et pont arrière à vis. Une 8-cylindres en ligne 4,5 litres lui succéda en 1929. Cette voiture splendide fut le chant du cygne de la marque.

Toutes les Daimler n'étaient pas de dimensions royales, mais toutes étaient équipées de moteurs sans soupapes Knight et émettaient le filet de fumée bleue caractéristique. La sortie, en 1927, d'une V 12 de 7,1 litres porta le nombre de modèles disponibles (combinaisons châssis-moteur) à plus de 20, chiffre ridiculement élevé pour le marché limité de la voiture de luxe.

La Vauxhall OE 30/98 de 1923, 4-cylindres, soupapes en tête, 112 HP, une des plus remarquables voitures de grand tourisme de l'époque, fut la dernière construite avant le rachat de la marque par General Motors, en 1925.

Sunbeam, qui utilisait encore un moteur à soupapes latérales en 1920, adopta les soupapes en tête pour son modèle 6-cylindres 4,5 litres 63 HP, puis en 1925 le double arbre à cames en tête pour le 6-cylindres 2,9 litres 90 ch auquel un compresseur fut ajouté en 1929, portant sa puissance à 135 ch. La Talbot 75 de la même époque était équipée d'un moteur 6-cylindres 2,3 litres de 75 ch. Mentionnons encore l'excellente Armstrong-Siddeley, munie d'un imposant radiateur surmonté par un sphinx, dont les performances n'étaient pourtant pas exceptionnelles.

Les constructeurs anglais étaient réputés pour leurs voitures de sport. Une série de marques survivront non seulement à la crise, mais encore à la Deuxième Guerre mondiale : AC, Alvis, Aston Martin, Austin, Frazer Nash, Lagonda, Lea-Francis, M.G., Morgan et Riley.

La voiture populaire anglaise

L'histoire de la voiture populaire commence en Grande-Bretagne avec l'Austin. A la suite d'un désaccord avec Wolseley, Herbert Austin quitta cette firme en 1905 pour construire ses propres voitures. Le plus extraordinaire véhicule portant son nom fut un véhicule utilitaire qui, avec son capot en forme de seau à charbon et son radiateur monté derrière le moteur à la manière de Renault, évoquait davantage un jouet d'enfant qu'un véritable camion. Son plateau n'était qu'à 76 cm du sol, grâce à une conception mécanique ingénieuse : le moteur, la boîte de vitesses et le différentiel étaient inclinés vers l'arrière pour permettre à la transmission d'être placée très bas. Celle-ci comprenait deux arbres, un pour chaque paire de roues motrices, ce qui avait permis de supprimer le pont arrière, remplacé par un simple essieu. Après l'avoir essayé sur un terrain de manœuvres assez facile, dans les Midlands, l'armée britannique adopta ce véhicule de 2-3 tonnes dont environ 2 000 lui auraient été livrés, qui s'avérèrent insuffisamment robustes pour résister aux dures conditions imposées par les opérations militaires en temps de guerre. Une importante quantité de ces camions fut en outre livrée à l'armée impériale russe, mais la révolution d'Octobre entraîna l'annulation d'un contrat pour un millier d'autres. Pourtant, l'habileté dont fit preuve Austin pour reconvertir ses installations à la fabrication de munitions lui valut d'agrandir considérablement son entreprise et aussi d'être anobli.

Des erreurs aussi coûteuses que le camion dont il vient d'être question, qui ne trouva plus preneur une fois la paix revenue, et une politique de fabrication d'un modèle unique, entraînèrent pour sir Herbert Austin des difficultés financières paraissant insurmontables. Ce modèle était le type 20, un 4-cylindres à soupapes latérales de 3,6 litres que son constructeur croyait pouvoir produire à bon marché et en grand nombre, grâce à l'adoption de méthodes de production américaines combinées avec une fabrication de haute qualité, ce qui aurait permis de faire tourner à plein régime l'usine Austin de Longbridge, près de Birmingham, la plus grande usine d'automobiles de Grande-Bretagne.

Mais Herbert Austin n'était pas seulement un brillant homme d'affaires, capable d'arracher ses usines à l'administrateur judiciaire, il prouva aussi son génie industriel en renversant sa politique et en lançant rapidement un nouveau produit. La voiture qui sauva son entreprise et popularisa l'usage de la voiture fut l'Austin *Seven* de 1922.

Il ne s'agissait ni d'un cyclecar ni d'une voiturette, mais d'une vraie voiture en miniature, avec 4 roues, 4 cylindres et 4 places. Son moteur — un 750 cm³ à soupapes latérales — n'était pas celui d'une motocyclette, et sa transmission utilisait un arbre et non des chaînes. Sa production annuelle atteignit 20 000 exemplaires en 1927 et se maintint à ce niveau pendant plus d'une décennie. A partir de cette année l'Austin *Seven* commença à être aussi construite à l'étranger, d'abord en

▲ *Austin Seven « Chummy » de 1930. L'Austin Seven, petite voiture sans prétention, fut construite à partir de 1922 à des dizaines de milliers d'exemplaires. On tira même de cette voiture toute simple des versions de sport, dont certaines avec compresseur.*

◄ *Daimler Double Six de 1929 à châssis surbaissé et carrosserie décapotable Corsica, équipée d'un moteur V-12 7 litres sans soupapes, développant 150 ch.*

Allemagne, à Eisenach, par Gotha dont la Dixi n'obtenait pas le succès espéré. Quand une société industrielle de Munich racheta l'usine d'Eisenach en 1928, l'Austin allemande devint la Dixi-BMW. En France, Rosengart acquit la licence Austin. La petite Austin fut aussi construite aux États-Unis, à Boston, avec moins de succès, sous la marque Bantam. Elle fut copiée au Japon par Datson (aujourd'hui Datsun). Aucune autre voiture, depuis l'époque héroïque de Benz, en Allemagne, de De Dion-Bouton et Panhard, en France, ne fut plus librement adaptée à l'étranger.

Au fur et à mesure que la production augmentait, les prix baissaient et, pendant des années, aucun constructeur ne réussit à menacer sérieusement le monopole du marché de la voiture populaire que sir Herbert Austin avait acquis. La Triumph *Super Seven* de 1928, de même cylindrée, n'entama jamais sa position et Triumph se consacra à la voiture sportive pour éviter de disparaître.

William Richard Morris, ingénieur et commerçant en bicyclettes, avait ouvert un garage à Oxford et avait donné en 1913 le nom de la ville à sa première voiture. Il fit tout d'abord appel à la sous-traitance, puis racheta l'usine Wolseley en faillite. Il aida aussi Cecil Kimber en laissant sa M.G. (Morris Garages) devenir la Morris sportive. Il observa le développement de l'Austin et ses méthodes de production, et ne s'attaqua au marché de la voiture populaire qu'à la fin des années vingt.

L'époque des grandes Américaines

Avant la Première Guerre mondiale, toute voiture de luxe circulant aux États-Unis était importée d'Europe. Les énormes limousines américaines ne pouvaient rivaliser avec les Delauney-Belleville et De Dion-Bouton françaises, Minerva belges, FIAT italiennes, ou Mercedes-Benz allemandes. Mais celles-ci, du fait de la guerre, n'étaient plus disponibles et, la prospérité aidant, le nombre de voitures construites aux États-Unis décupla. L'Europe ne retrouvera jamais sa position sur ce marché. La Ford modèle T, dont la production passa de 107 000 en 1913 à 950 000 en 1919, fut fabriquée jusqu'en 1927, non seulement aux États-Unis, mais encore en Grande-Bretagne et en Allemagne, à 15 millions d'exemplaires. Après 1918, les constructeurs européens allèrent chercher outre-Atlantique leur inspiration pour la fabrication en série.

Lincoln, rachetée par Ford en 1922, est restée jusqu'à aujourd'hui la marque de prestige de Ford. Le fondateur de Lincoln, Henry M. Leland, avait aussi créé Cadillac, autre marque de prestige, en 1902. Cette marque fit partie de la General Motors dès 1909 et la première Cadillac V 8 apparut en 1915. La première 16-cylindres jamais fabriquée en série fut, 15 ans plus tard, une Cadillac.

La Buick, dessinée par David Dumbar Buick, un Écossais, fut équipée dès l'origine d'un moteur à soupapes en tête, mais son créateur n'avait pas le génie des affaires et il fut contraint de passer la main. William Durant, qui avait fait fortune en construisant des voitures hippomobiles, s'occupa de la diffusion de la Buick dont la production passa de moins de 50 en 1904 à 750 en 1905. L'ambition de Durant était de s'assurer le monopole de l'automobile aux États-Unis. Il ne réussit pas à absorber Ford, mais fonda la General Motors en 1908. Durant prit de tels risques financiers qu'il dut céder ses actions à la société Du Pont, et la General Motors devint bientôt le plus gros constructeur d'automobiles du monde, englobant Buick, Cadillac, Chevrolet, La Salle, Oakland, Oldsmobile, Pontiac et d'autres marques moins célèbres. Cadillac, la voiture américaine de classe s'il en fut, fut la première au monde à être équipée, en 1928, d'une boîte de vitesses synchronisées permettant de changer de rapport silencieusement, sans que le conducteur eût besoin d'évaluer le régime moteur et de recourir au double débrayage.

Les victoires dans des courses classiques ont toujours contribué à créer l'image des voitures classiques, mais on a tendance à oublier que ce fut aussi le cas des grandes

▼ *Stutz Black Hawk 4,9 litres 8 cylindres en ligne arbre à cames en tête. Une Black Hawk participa en 1928 aux 24 Heures du Mans, où elle se classa deuxième derrière une Bentley 4,5 litres et devant deux Chevrolet de série.*

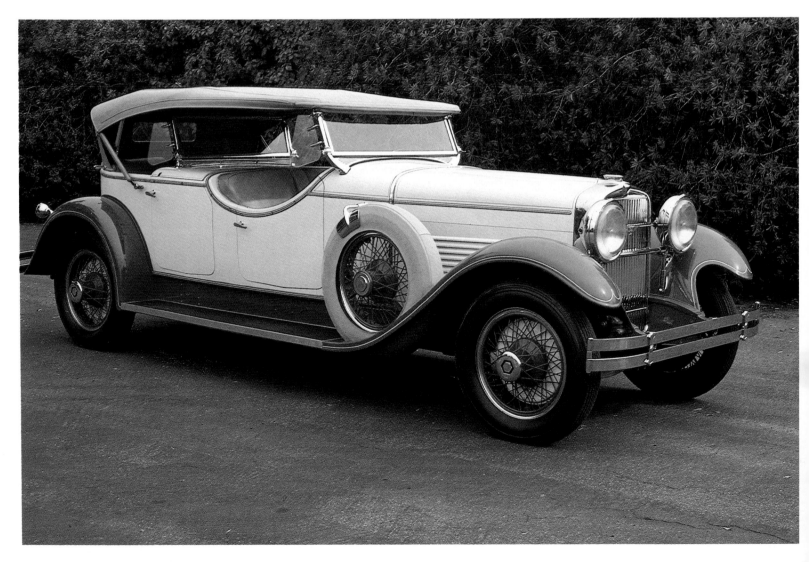

▲ L'industriel américain Errett Lobban Cord présenta en
1929 une voiture révolutionnaire, la Cord L-29 4,9 litres
8 cylindres en ligne à soupapes latérales, développant 125 ch à
3 600 t/m. Cette traction avant à châssis surbaissé était carrossée
en berline, en phaéton ou en roadster. Cette dernière carrosserie,
élégante en dépit de sa taille, possédait des ailes à jupes.

américaines. Combien d'Européens avaient-ils attaché de
l'importance à la victoire en 1921 au Grand Prix de France d'une
marque américaine inconnue qui battit les Ballot ? C'était une
Duesenberg, la première voiture de compétition équipée de
freins hydrauliques. Après cet exploit, presque unique dans les
annales de la compétition automobile de haut niveau,
Duesenberg fut quatre fois vainqueur des 500 miles
d'Indianapolis. C'est une voiture spécialement construite par
Harry Miller pour la course qui domina Indianapolis, l'empor-
tant 12 fois dans les années vingt et le début des années trente.

La grande sportive américaine, Stutz, traversa l'Atlantique en
1928 pour participer aux 24 Heures du Mans. Elle se classa
deuxième, derrière une Bentley et devant deux Chevrolet. La
même année, Dodge, pionnier de la carrosserie tout acier, se
joignit à Chrysler pour former la troisième grosse société
américaine. Peu après, pour concurrencer la Lincoln (Ford) et la
Cadillac (General Motors), la Chrysler *Imperial* 8-cylindres en
ligne fut lancée. Elle paraissait avoir emprunté son style à la
Cord L-29, traction avant qui donnera naissance, en 1935, à
l'extraordinaire Cord 810.

A CHACUN SA VOITURE

Les voitures de prestige contruites en un relativement petit nombre d'exemplaires ne sont pas les seules voitures classiques. La Ford modèle T et l'Austin *Seven,* dont il a déjà été question, sont de vraies classiques en ce sens que, construites à la chaîne, elles contribuèrent à placer l'automobile à la portée du grand public, tendance qui s'accentua dans les années trente.

Celles-ci commencèrent avec la crise qui provoqua la faillite de nombreuses marques. C'est pourtant de cette décennie que datent certaines des plus belles voitures de luxe et de sport. La concurrence acharnée à laquelle se livrèrent les grands constructeurs provoqua l'amélioration de la qualité des voitures produites et l'accélération du progrès technique.

En France, à côté des trois grandes marques — Citroën, Peugeot et Renault — FIAT et Ford construisirent des automobiles sous les marques Simca et Matford.

Peugeot et Renault ne prirent pas le risque de s'écarter, pour leurs modèles courants, de la construction traditionnelle. André Citroën, en revanche, n'hésita pas à innover en lançant en 1934 une voiture entièrement nouvelle, la célèbre traction avant, dont le modèle le plus populaire fut la *11 légère,* et qui sera produite, sous une forme ou une autre, pendant 22 ans.

La *Traction,* qui dut sa réputation à son excellente tenue de route, son bon freinage et ses reprises franches, ne fut pas, comme on le sait, la première automobile à traction avant, mais elle fut la première à être construite en grande série. La traction avant offre de nombreux avantages, notamment la suppression de l'arbre de transmission et du pont arrière qui permet un gain de poids et l'abaissement du centre de gravité ; de plus elle offre aux passagers une place accrue.

André Citroën, en proie à des difficultés de trésorerie, dut passer la main à son principal créancier, Michelin, qui disposa ainsi d'un banc d'essai idéal pour ses pneumatiques ; il contrôle encore aujourd'hui la marque. Citroën mourut en 1935, trop tôt pour assister au triomphe de sa voiture dont l'architecture est celle de la presque totalité des petites voitures et des voitures « familiales » des années quatre-vingts. La *Traction* faisait appel à de nombreuses solutions d'avant-garde, dont la plupart ont été maintenant adoptées : châssis-coque conçu pour que toute la mécanique puisse être facilement déposée par l'avant, toit tout acier sans couture, roues indépendantes et suspension par barres de torsion. L'exceptionnelle stabilité de ce véhicule ne provenait pas, contrairement à la légende, de sa traction avant, mais de la disposition des roues « aux quatre coins », c'est-à-dire que les trains avant et arrière étaient disposés aussi loin que possible l'un de l'autre.

Après avoir monté pour la première fois, en 1934, un pare-brise panoramique, dont l'idée sera reprise une vingtaine d'années plus tard par la General Motors, la vénérable marque Panhard paraissait effectuer le chemin inverse. La *Dynamic* de 1937 possédait bien un châssis-coque, mais elle avait gardé le moteur sans soupapes Knight techniquement dépassé — Panhard fut la dernière à l'utiliser. Sa caisse, très large, totalement enveloppante (même les roues avant étaient masquées) permettait d'emmener sept passagers, le conducteur se trouvant au centre de la banquette avant qui accueillait trois personnes. Cette étrange voiture à l'esthétique discutable est mentionnée pour démontrer que même une longue expérience ne met pas à l'abri d'erreurs monumentales.

Italie et Europe centrale : économie et ingéniosité

Deux des plus remarquables voitures économiques jamais conçues apparurent en Italie en 1936. Comme Renault, FIAT avait l'ambition d'offrir un large éventail de modèles s'adressant à la clientèle modeste, comme aux amateurs fortunés de belles voitures. Sa petite deux-places, bientôt surnommée *Topolino*, était la première voiture miniature originale depuis l'Austin *Seven*. Cette FIAT (type 500 A) était équipée d'un petit moteur 4-cylindres en ligne disposé en porte-à-faux sur le train avant, et le style de sa carrosserie était très séduisant. Deux ans plus tard, FIAT lançait la *Millecento*, voiture familiale également séduisante, mais techniquement moins avancée que la dernière création de Vincenzo Lancia, lequel devait mourir peu après sa présentation.

Suivant l'exemple de Citroën, Lancia avait adopté pour son *Aprilia*, conduite intérieure 4-places 4 portes compacte et légère, le plus long empattement possible et une suspension par barres de torsion. Il revenait, pour ce modèle, à la structure autoporteuse dont il avait été le pionnier avec la *Lambda*. Cette excellente voiture fut très appréciée en Italie et à l'étranger, comme la *Traction*, notamment en Grande-Bretagne où aucune voiture familiale de conception aussi avancée n'était alors construite.

Austro-Daimler, Puch et Steyr fusionnèrent au milieu des années trente et seule la dernière marque demeura. En 1936,

◀ *PAGES 36-37. Morris Eight 1938. Cette voiture familiale possédait déjà des phares intégrés dans les ailes.*

▼ *Citroën traction avant 11 CV d'avant-guerre. Ce modèle décapotable, rare, est recherché par les collectionneurs.*

▼ *Darl'Mat a tiré de la Peugeot 402 de la fin des années trente ce modèle sportif profilé d'allure très moderne.*

Ferdinand Porsche donna à l'Autriche la seule voiture populaire qui y fût jamais construite, la Steyr 50. Cet intéressant petit véhicule avait un moteur 4-cylindres à plat refroidi par eau placé à l'avant, un pont arrière fixe et des demi-arbres de roues oscillants, ce qui simplifie la suspension, mais donne un train arrière à voie variable, peu favorable à une bonne tenue de route. Cette solution, adoptée par Rumpler et Benz dans les années vingt, fut aussi celle retenue par Hans Ledwinka, ancien collègue d'Edmund Rumpler chez Nesseldorf, pour la Tatra, la voiture haut de gamme du marché tchécoslovaque que se disputaient une demi-douzaine de constructeurs de petites voitures.

Évolution de la voiture populaire en Allemagne
Après l'Hanomag (voir illustration p. 29), dont plus de 15 000 furent construites, la seconde tentative de lancer sur le marché allemand une voiture populaire fut celle de Dixi qui construisit sous licence, à Eisenach à partir de 1928, sa propre version de l'Austin *Seven*. La même année, l'ingénieur danois Jórgen Rasmussen créa la plus intéressante des premières voitures populaires allemandes, la DKW, marque connue pour ses motocyclettes. Cette voiture économique, lancée en 1931, était une traction avant munie d'un petit bi-cylindre deux temps. Rasmussen travaillait aussi pour Audi et prit donc part à la formation, en 1932, d'Auto Union, qui construisit peu après la voiture de course dessinée par Porsche. La marque DKW fut conservée pour les petites voitures pendant toutes les années trente et adoptée de nouveau après la Deuxième Guerre mondiale. La technique de la traction avant à moteur deux-temps fut aussi adoptée par Jawa en Tchécoslovaquie et

continua à être utilisée, après la disparition de la marque DKW, par Saab en Suède et, avec moins de bonheur, pour diverses voitures de l'Allemagne de l'Est.

Quand BMW reprit Dixi en 1931, son ingénieur en chef modernisa aussitôt la Dixi-Austin, mais la marque abandonna peu après la voiture populaire en faveur de la voiture de sport.

La troisième voiture « populaire » allemande fut la Adler *Trumpf-Junior*, traction avant due à Hans-Georg Röhr, qui avait quitté la firme portant son nom. Le programme de grands travaux du Troisième Reich comportait la construction d'autoroutes, dont 1 500 kilomètres furent mis en service rapidement. Une des conséquences de ce développement du réseau routier fut l'adoption du profilage, permettant une réduction de la consommation de carburant, pour les voitures courantes fabriquées en Allemagne : Adler, Hanomag, Hansa, Zündapp et, immédiatement avant la guerre, KdF-Wagen, qui deviendra Volkswagen.

On pourrait soutenir que l'origine de la VW Volkswagen fut partiellement hongroise. Josef Ganz, qui dessina la Gutbrod *Standard Superior* en 1932, petit coupé aérodynamique à moteur à l'arrière et suspension à roues indépendantes, était en effet hongrois. Il la présenta au Salon de Berlin en 1933 sous le nom de *Volkswagen* (voiture populaire), terme qu'il avait déjà utilisé en 1928 quand, alors journaliste, il s'était fait l'avocat d'une automobile accessible à tous. Hitler, qui venait d'être nommé chancelier du Reich, l'aurait examinée en détail avec son entourage lors de sa visite officielle au salon. Mais les chances de Ganz d'être choisi pour dessiner la future voiture populaire allemande s'évanouirent quand les nazis découvrirent son origine israélite et l'emprisonnèrent. Il eut la chance d'être libéré

▶ *Steyr fabriqua de 1936 à 1938 plus de 12 000 exemplaires de la seule voiture autrichienne économique. Cette traction arrière à demi-arbres oscillants fut d'abord équipée d'un moteur 4 cylindres 1 000 cm³ refroidi par eau, porté ensuite à 1 150 cm³.*

▼ *DKW F2 de 1931. Cette traction avant bi-place bi-cylindre deux temps de 600 cm³ fut la petite voiture des années trente la plus populaire dans le nord de l'Europe.*

Le 26 mai 1938, à Wolfsburg en Basse-Saxe, Hitler posa la première pierre de l'usine où aurait dû être construite la KdF-Wagen dessinée par Ferdinand Porsche. Trois prototypes différemment habillés furent présentés à cette occasion. La Volkswagen civile ne verra le jour qu'après la guerre.

Volkswagen de 1953. Conçue avant 1939, la « Coccinelle » fut le plus grand succès de l'histoire automobile de l'après-guerre.

et réussit à se réfugier en Suisse.

Qu'il se soit ou non inspiré des idées de Ganz, le père de la Volkswagen que nous avons connue fut Ferdinand Porsche, nom qu'on retrouve souvent dans l'histoire de l'automobile. Alors installé à Stuttgart comme ingénieur indépendant, Porsche fut convoqué en 1934 à Berlin pour examiner avec le nouveau chancelier un projet de voiture nationale. Peu après, l'association des constructeurs allemands d'automobiles le chargea d'étudier trois prototypes. Quand ceux-ci furent achevés, une pré-série de 30 exemplaires fut construite dans l'usine Daimler-Benz, proche de Stuttgart. Hitler posa en 1938, en Basse-Saxe, la première pierre de l'usine où aurait dû être construite la voiture populaire qu'il baptisa *KdF-Wagen*. KdF signifiait *Kraft durch Freude*, nom du mouvement nazi chargé d'organiser les loisirs de la population. Celle-ci ne put acheter cette voiture, qui prit le nom de Volkswagen, qu'après la guerre. La VW devint une voiture vraiment populaire, fabriquée à plus de 15 millions d'exemplaires. Encore produite au Brésil au milieu des années quatre-vingts, elle est en passe de devenir la première automobile encore construite 50 ans après sa création.

Guerre des prix en Grande-Bretagne

Au début des années trente les Anglais, fidèles à leur tradition insulaire, ignoraient les progrès de l'automobile sur le continent, comme le prouvait l'état déplorable de leur réseau routier qui n'encourageait pas, il est vrai, les déplacements à longue distance en voiture.

Les automobilistes disposaient pourtant d'un choix étendu de modèles, mais les marques importées ne représentaient pas une menace pour la production nationale de grande diffusion. Comme dans le reste de l'Europe, les voitures américaines jouissaient de la faveur d'une partie de la clientèle, mais celles-ci n'étaient ni petites ni bon marché. La plus modeste des Ford, assemblée à Manchester, était équipée d'un moteur de plus de 2 litres et coûtait près de £ 200 en 1931.

A la même époque l'Austin *Seven*, produite depuis dix ans

déjà, coûtait environ £ 120. La Morris *Minor*, équipée d'un moteur à soupapes en tête plus performant, pouvait être achetée pour à peine plus, mais elle se vendait mal en raison de sa fragilité, comme le reconnaissait le directeur des ventes, Miles Thomas, lui-même. Morris adopta en conséquence un moteur à soupapes latérales et offrit un modèle simplifié à l'extrême pour £ 100 seulement.

La petite Morris *Minor* à deux places fut présentée en janvier 1931 et la presse releva que « quatre ans auparavant, cette même voiture n'aurait pu être construite pour un prix deux fois plus élevé ». Le succès de la Morris fut éclatant, non pas tellement en raison de la baisse soudaine de son prix, mais surtout grâce à une politique commerciale habile. Les clients, qui en voulaient pour leur argent, étaient prêts à payer 20 ou 30 % de plus pour un modèle amélioré (carrosserie à 4 places ou décapotable), si le modèle standard était annoncé à £ 100. « Personne ne veut rouler dans la voiture de tout le monde », fit observer par la suite Miles Thomas, après que William Morris et lui eussent été anoblis.

Ce sont les États-Unis, et non l'Europe continentale, qui donnèrent à l'industrie automobile britannique le coup de fouet dont elle avait besoin. Ayant investi des sommes considérables dans la construction d'une immense usine ultra-moderne à Dagenham, sur la rive septentrionale de la Tamise, Ford s'offrit la location de l'Albert Hall de Londres pour un salon de l'automobile consacré exclusivement à sa propre production. Il fut inauguré le 19 février 1932 et un des premiers visiteurs, désireux comme chacun d'examiner le modèle qui allait assurer la présence permanente de Ford en Europe, fut sir Herbert Austin.

La Ford-Y était de conception purement américaine, bien qu'elle fût de dimensions plus modestes que ses sœurs d'outre-Atlantique. Un peu plus longue et plus large que l'Austin et la Morris, cette voiture à 4 places se vendait £ 120. Austin releva le gant en 1934 avec la *Ruby*, sous la robe de laquelle se dissimulait la vieille *Seven*. Morris alla plus loin en copiant sans vergogne la petite Ford avec la Morris *Eight*. Singer fit de même avec la *Bantam*, mais Ford répliqua en rationalisant encore davantage sa production, ce qui lui permit d'offrir la Ford-Y conduite intérieure 4 places à £ 100, prix qu'il réussit à maintenir en 1936 et 1937, avant de proposer une nouvelle version pour moins de £ 120, prix du modèle Y original.

Le montant de la taxe sur les véhicules automobiles était calculé, en Grande-Bretagne, d'après la puissance fiscale, laquelle était directement proportionnelle à l'alésage des cylindres, ce qui encourageait la fabrication de moteurs à longue course permettant d'obtenir une puissance réelle plus grande sans augmenter la taxe perçue par le Trésor. Les moteurs modernes sont sensiblement carrés, c'est-à-dire qu'ils ont une course proche de l'alésage (diamètre du piston). Plus la course est longue, plus le moteur en ligne est haut.

La puissance fiscale de la Morris *Minor* et de la Ford-Y était de 8 CV, alors que la cylindrée de la seconde était supérieure de 100 cm³ à celle de la première. Ainsi, quand Morris voulut accroître la puissance réelle de son moteur sans que la taxe fut augmentée il adopta, comme Ford, un moteur à longue course. La cylindrée, c'est-à-dire le volume engendré par la course d'un piston entre le point mort haut et le point mort bas, multiplié par le nombre de cylindres, sert aujourd'hui presque partout à déterminer la puissance fiscale d'un moteur.

Au début des années trente, Morris et Austin contrôlaient ensemble la moitié du marché national de l'automobile, mais la

part de Ford atteignit rapidement 20 %. Pendant la seconde partie de la décennie, les constructeurs qui avaient survécu à la crise accélérèrent considérablement leur production de petites voitures, la vente d'automobiles d'un prix modeste augmentant rapidement. Standard et Triumph n'avaient pas encore fusionné, mais leurs finances paraissaient saines, et les petites voitures que ces firmes construisaient étaient à peine plus chères que les Austin, Ford et Morris.

Naissance de la Jaguar

A Coventry le numéro deux de Standard, qui aspirait à prendre la tête de l'entreprise, était conscient que la petite voiture britannique était esthétiquement et techniquement en retard par rapport à la production du reste de l'Europe, situation reflétant le conservatisme des Anglais. William Lyons, qui vendait depuis 1922 les excellents side-cars Swallow et proposait depuis 1927 des carrosseries moins spartiates pour l'Austin *Seven,* avait si bien réussi qu'il transféra son entreprise de Blackpool à Coventry, afin de l'agrandir et de bénéficier de la main-d'œuvre qualifiée disponible dans ce grand centre industriel.

Standard fournit bientôt des châssis à Swallow, dont la réputation de carrossier original commençait à s'affirmer. Lyons, qui ne pouvait construire les carrosseries basses dont il rêvait sur les châssis disponibles, sut convaincre Black, en 1931, de lui en fournir d'adéquats. Il en résulta la marque SS dont la mécanique n'était malheureusement pas à la hauteur des ambitions de ses créateurs. Pour corriger ce défaut, Lyons débaucha un jeune ingénieur qui travaillait chez Humber, William Heynes, et ils conçurent ensemble la fameuse SS *Jaguar,* qui fut à l'époque décriée par les envieux. L'avenir prouvera que Lyons, qui sera créé chevalier, était un des industriels de l'automobile les plus avisés.

Quand Heynes les quitta, ses collègues durent penser qu'il lâchait la proie pour l'ombre, l'entreprise SS n'ayant alors que des dimensions modestes et son avenir paraissant bien incertain. A vrai dire l'ingénieur se sentait bridé dans ses aspirations chez Humber, un des pionniers de l'industrie automobile à Coventry,

dont les voitures, pourtant bien construites, étaient à ses yeux désuètes.

Concentration dans l'industrie automobile anglaise

Rootes était en train de constituer un empire en absorbant successivement des marques parmi les plus connues. En ajoutant Sunbeam et Talbot à une collection déjà riche, Rootes se hissait au niveau des constructeurs britanniques les plus importants. Sa politique commerciale était à l'image de celle des grands constructeurs américains, à savoir présenter des modèles presque semblables sous des robes légèrement différentes et sous des marques distinctes, afin de donner l'impression que de nouvelles voitures avaient vu le jour et dissimuler le fait que ces marques avaient perdu leur indépendance.

La transformation de Morris en groupe Nuffield s'effectua plus graduellement. Wolseley, créée avant le siècle par Herbert Austin avant qu'il ne lance sa propre marque, fut absorbée en 1928 par Morris, qui proposa dès lors des Morris de luxe sous le nom de Wolseley. Riley réussit à conserver son indépendance jusqu'en 1938, année où elle rejoignit le groupe Nuffield (sir William Morris était devenu entre-temps lord Nuffield). Quant à Vauxhall, reprise par la General Motors, elle avait perdu son originalité. Ces concentrations modifièrent profondément la structure de l'industrie automobile britannique qui resta pourtant singulièrement figée sur le plan technique pendant toute la décennie. L'Austin *Seven* et ses concurrentes étaient de plus en plus démodées face aux petites voitures allemandes, technologiquement plus avancées, comme la DKW ; elles étaient maintenant disponibles à un prix raisonnable. La clientèle avait néanmoins tendance à bouder celles-ci, le Troisième Reich étant ressenti comme l'ennemi. Le patriotisme voulait que l'on achetât des voitures produites en Grande-Bretagne. Citroën l'avait compris, qui avait fait construire à Slough, dès 1935, une *Traction* anglicisée. Le service après-vente de cette voiture pouvait paraître coûteux, mais aucune autre automobile aussi moderne n'était alors disponible dans la gamme de £ 200 à £ 300.

Morris Minor bi-place décapotable présentée en 1931. Cette petite voiture, concurrente directe de l'Austin Seven, coûtait £ 100. Une version moins spartiate était offerte à £ 125.

Berline SS1 de 1934. L'élégante carrosserie de cette voiture surbaissée, relativement bon marché, fit sensation. Elle ne fut équipée d'un moteur digne d'elle qu'à partir de 1936.

Ford Y 1936 conduite intérieure 4 places, vendue £ 100 complètement équipée. Le lancement de la Ford britannique, en 1932, obligea les constructeurs anglais à rajeunir leur production.

Ford, qui continuait à produire la *Baby* dans son usine anglaise, lui adjoignit, en 1934, le modèle V 8 qui avait vu le jour deux ans plus tôt aux États-Unis. Cette voiture, équipée du premier moteur V 8 jamais construit en série, coûtait £ 225, mais sa puissance fiscale était de 30 CV dans les îles britanniques, ce qui amena Ford à ramener celle-ci à 22 CV pour le Royaume-Uni.

La guerre et l'immédiat après-guerre

En 1939, la Grande-Bretagne était peut-être en tête pour ce qui est de la qualité, l'Europe continentale pour l'ingéniosité et les États-Unis pour les techniques de production en série, mais le déclenchement de la Seconde Guerre mondiale allait contraindre les constructeurs de tous les pays à se reconvertir dans la fabrication de matériel militaire.

Cependant, aux États-Unis, la physionomie de l'industrie automobile ne fut bouleversée que plus tard dans les années quarante. Les automobiles américaines étaient de grosses voitures à une exception près. En mai 1939, Powell Crosley, qui avait jusque-là appliqué son talent à la fabrication de postes de radio et à l'étude de réfrigérateurs, présenta une voiture miniature. Celle-ci avait été conçue pour pouvoir être exposée dans les grands magasins, à côté des autres productions de ce constructeur audacieux. Elle figura au Salon de l'automobile de Central Park, à New York en 1940, et fut ensuite vendue par une chaîne de magasins à succursales multiples. Bien qu'elle fût remarquablement économique et fît appel à des solutions originales, la Crosley disparut peu après la guerre, n'ayant pu faire face à la concurrence de Willys, le plus grand constructeur américain de petites voitures. Même l'Austin *Seven* et la *Bantam*

qui lui avait succédé furent des échecs aux États-Unis. En 1940, la compagnie Bantam fut choisie pour la construction d'un véhicule militaire léger, mais elle ne fut pas capable de le produire en quantité suffisante. En revanche, plus de 650 000 Jeeps militaires furent fabriquées, en grande partie par Willys Overland, mais aussi, sous licence, par Ford. La Jeep représente un jalon important dans l'histoire de l'automobile, et des voitures qui en sont dérivées sont encore construites dans le monde entier, conséquence des nombreuses licences qui furent vendues après la guerre.

Après l'écroulement de l'Allemagne et la capitulation du Japon, la production reprit progressivement chez les Alliés, puis chez les vaincus. L'URSS avait saisi suffisamment de matériel dans les usines allemandes de la General Motors pour fabriquer sa propre version de l'Opel *Kadett,* baptisée Moskovitch.

En France, les premières *Tractions* Citroën ressortirent des chaînes du quai de Javel, fin août 1945. Cette voiture sera construite, en diverses versions, jusqu'en 1957, année où la 759 153ᵉ et dernière fut livrée. Les essais de la 2 CV traction avant furent poursuivis sous l'occupation, et la voiture que nous connaissons, munie d'un moteur à deux cylindres opposés refroidis par air, de 375 cm³, fut présentée en 1948. Cette même année, Peugeot sortit la 203 4-cylindres 1 290 cm³. Chez Renault, on avait aussi continué à étudier, sous l'occupation, la 4 CV à moteur arrière. Le prototype 4 portes fut présenté en novembre 1945, et la chaîne de production démarra en 1948.

En Italie, FIAT sortit une 500 *Topolino* modernisée, avec moteur à soupapes en tête et la 1100 également rajeunie, tandis que le scooter — Vespa, Lambretta — qui allait être pour les jeunes de toute l'Europe la première étape de la motorisation, commençait à envahir le marché.

En Allemagne, la KdF vit enfin le jour à la fin de 1945, sous le nom devenu célèbre de Volkswagen, tout d'abord pour les forces d'occupation. Mercedes-Benz se releva très vite, ainsi qu'Opel (General Motors) et Ford, dont les usines avaient relativement peu souffert des bombardements.

En Grande-Bretagne aussi, les premières voitures construites furent des modèles d'avant-guerre. Certaines marques de Coventry, ville dévastée par les bombardements, comme Alvis et Lea-Francis, ne réussirent pas à se moderniser assez vite et disparurent. D'autres y réussirent comme Rover et SS devenue Jaguar, les initiales haïssables étant supprimées. Standard racheta Triumph en déconfiture. Dès la fin de 1945, des voitures entièrement nouvelles apparurent : l'Armstrong-Siddeley, la Riley et la Jowett *Javelin* 4-cylindres à plat 1,5 litre, exceptionnelle voiture aérodynamique et compacte.

Aux États-Unis, les modèles 1946 ne furent généralement que des modèles 1942 à peine rajeunis.

▲ *Roadster Ford V-8 1932, première voiture équipée d'un moteur à 8 cylindres en V construit en série. Lancée en 1932 aux États-Unis, la V-8 connut un succès considérable. Près de 300 000 exemplaires furent vendus la première année, et les 2 millions furent atteints en 1935.*

▶ *Crosley bi-cylindres 600 cm³ 1939 qui fut vendue dans les grands magasins.*

VOITURES DE LUXE

Bugatti est le nom classique qui domine sans conteste le monde enchanteur des « classiques ». D'autres belles voitures ont été construites avant et après les Bugatti, mais seules celles-ci, pourtant issues elles aussi de la matière inerte, semblent douées d'immortalité. Même les critiques les plus véhéments d'Ettore Arco Isodoro Bugatti durent reconnaître son audace, son génie et sa passion de la perfection.

Au printemps de 1977, une usine textile alsacienne en déconfiture fut occupée par ses ouvriers qui y découvrirent une véritable caverne d'Ali-Baba dans laquelle plus de 400 voitures automobiles avaient été rassemblées. Presque toutes étaient des classiques et parmi elles, on ne compta pas moins de 122 Bugatti. Les frères Schlumpf, Hans et Fritz, dont l'incroyable collection n'était alors connue que par des rumeurs, s'étaient mis à l'abri de l'autre côté de la frontière suisse proche, prévenant le mandat décerné contre eux pour abus de biens sociaux. Ils auraient en effet utilisé les finances de l'entreprise pour satisfaire leur passion débordante et racheter des voitures aux quatre coins du monde.

Cet extraordinaire musée privé fut ouvert au public par les ouvriers de l'usine, puis ses portes furent refermées. Heureusement, depuis 1982, chacun peut visiter à Mulhouse la prodigieuse collection Schlumpf qui est devenue Musée national de l'automobile.

Ainsi qu'il a été dit au deuxième chapitre de ce livre, Ettore Bugatti avait mis son talent au service d'autres constructeurs avant de créer, en 1909, sa propre entreprise dans la localité vinicole de Molsheim, en Alsace. Bugatti avait déjà donné la mesure de son génie dans les années vingt en construisant des voitures de course, célèbres sur tous les circuits, de sport et de tourisme, et notamment la fabuleuse *Royale,* dont le premier exemplaire fut achevé en 1927. Cette énorme voiture (type 41) de 6 mètres de long, pesant trois tonnes, était entraînée par un moteur à 8 cylindres en ligne de 12,7 litres, développant quelque 300 ch à 1 700 t/m et pouvant atteindre les 200 km/h. Victime de la crise, la *Royale* ne fut construite qu'à six exemplaires, dont deux figurent dans la collection Schlumpf. Son moteur équipa finalement les autorails fournis par Bugatti aux chemins de fer français, et ceux-ci battirent plusieurs records internationaux de vitesse sur voie ordinaire, notamment en 1935 Paris-Strasbourg en 3 heures 30, c'est-à-dire à 144 km/h de moyenne et les 10 km à 196 km/h, record qui ne fut battu qu'en 1964.

Les successeurs de la *Royale* furent des voitures de tourisme de grand luxe, les types 46 (8 cylindres en ligne, 5,350 litres) et 50. Cette dernière, une 8-cylindres en ligne de 4,9 litres avec compresseur, développant 200 ch, fut la première Bugatti munie de deux arbres à cames en tête — technique probablement inspirée par les moteurs du grand ingénieur américain Harry A. Miller.

▲ *Delage D6-75 1939 6 cylindres en ligne 2,8 litres, construite après la reprise de l'entreprise par Delahaye. Ces deux marques seront absorbées par Hotchkiss après la guerre.*

◀ *PAGES 48-49. Bugatti Type 50 4,9 litres, 8 cylindres en ligne double arbre à cames en tête compresseur 200 ch du début des années trente. Carrosserie Jean Bugatti. Cette belle voiture dépassait les 190 km/h.*

◀ *Coupé décapotable Hispano-Suiza 68 bis V-12 11,3 litres 250 ch de 1935, habillée par Saoutchick.*

La diversité, les performances exceptionnelles, la qualité hors pair et le style inimitable des Bugatti expliquent leur appellation de *Pur Sang* : une publicité de Bugatti suivant une de ses innombrables victoires en compétition représentait d'ailleurs un cheval de course.

Le génie d'Ettore Bugatti, visible dans toutes ses créations — harmonieuse combinaison de l'art de l'ingénieur et de l'art plastique — passa à son fils aîné Gianoberto (plus connu sous le nom de Jean Bugatti) auquel le type 57, la plus prestigieuse des voitures de grand tourisme rapides des années trente, dut sa ligne suprêmement élégante. Les différentes versions de cette voiture à 8 cylindres en ligne de 3,3 litres, à double arbre à cames en tête, souvent munie d'un compresseur, étaient généralement habillées soit à l'usine Bugatti, soit par le carrossier alsacien Gangloff, sur des dessins de Jean Bugatti. Celui-ci trouva la mort peu avant la Deuxième Guerre mondiale, le 11 août 1939, en voulant éviter un cycliste imprudent, alors qu'il essayait une dernière fois la 57 qui venait de gagner les 24 Heures du Mans.

L'entreprise ne se remettra jamais de la mort de celui qui en était devenu l'animateur, des bouleversements apportés par la guerre et l'occupation, et ne retrouvera pas sa gloire d'antan. Ettore Bugatti mourut en 1947 à l'âge de 66 ans, laissant l'entreprise qu'il avait créée en proie à des difficultés financières insurmontables. L'usine de Molsheim fut vendue à

Austro-Daimler Alpine 1931 8 cylindres en ligne 4,6 litres arbre à cames en tête, développant 120 ch. Ce modèle, qui fit beaucoup pour conserver à la marque son image sportive, possédait une suspension à quatre roues indépendantes et dépassait les 150 km/h. Debout devant le véhicule lui appartenant, le pilote autrichien Hans Stuck aîné.

Hispano-Suiza (qui ne fabriquait plus de voitures), et ainsi disparut la marque d'automobiles sans doute la plus prestigieuse qui eût jamais existé.

Peu avant de disparaître à son tour Gabriel Voisin, le célèbre constructeur d'avions et d'automobiles, a écrit de son contemporain Ettore Bugatti : « Les fabrications de Molsheim n'étaient, en définitive, qu'un jeu pour mon ami et ses réussites lui semblaient faciles. Il fut cependant un des derniers constructeurs capables [...] d'édifier par la pensée, avec précision, et ceci sans effort, les complexités mécaniques les plus diverses ».

A vrai dire, Voisin était orfèvre en matière de complexité. Son moteur sans soupapes 12-cylindres en ligne de 1937 était si long que, ne pouvant tenir sous un capot aussi grand soit-il, il pénétrait dans l'habitacle. La voiture qu'il équipait ne fut pas un succès commercial, et les dernières Voisin construites avant la guerre reçurent un moteur américain Graham.

Comme ce fut le cas des Bugatti, le style des Voisin, qui avaient aussi leurs fanatiques, fut souvent aussi original que leur conception mécanique. La marque ne survécut pas à la guerre, mais Gabriel Voisin dessina encore un véhicule miniature pour l'Espagne, le Biscuter.

Hispano-Suiza, autre grand nom de l'automobile, fut également victime de la Deuxième Guerre mondiale. L'usine de Barcelone, reprise par la société ENASA, fut reconvertie pour la fabrication de camions (plus tard, la belle Pegaso grand tourisme, une classique d'après-guerre, sera construite dans les ateliers de l'école où étaient autrefois formés les apprentis d'Hispano-Suiza). Aux belles Hispano fabriquées à Paris dans les années vingt succéda en 1932 une splendide V 12 de 9,4 litres (type 68). Quand la cylindrée de cette voiture de très grand luxe fut portée à 11,3 litres en 1935, il n'y eut plus de doute que l'ambition d'Hispano-Suiza était de construire la Rolls-Royce française.

Des années auparavant, Marius Barbarou, ingénieur chez Benz et occasionnellement pilote de course, avait travaillé chez Delaunay-Belleville qui était probablement la marque française la plus prestigieuse avant la Grande Guerre. Dans les années

trente, Barbarou continuait à faire bénéficier l'automobile française de son grand talent. Sa silencieuse Lorraine — la dernière voiture sortie des usines de Dietrich où Bugatti avait autrefois travaillé — disparut sans bruit en 1933, année qui fut aussi la dernière de De Dion-Bouton. Delage, connue notamment pour ses 8-cylindres 4 litres de 1930 et 6-cylindres 2,7 litres de 1934, fut rachetée en 1935 par Delahaye qui conserva la marque. Delahaye sortit en 1936 la prestigieuse 6-cylindres 3,3 litres *Coupe des Alpes,* qui donnera après la guerre naissance à la fameuse 135 4,5 litres. Delage et Delahaye

▼ *Delahaye Coupe des Alpes 1936 6 cylindres en ligne 3,3 litres soupapes en tête, développant 110 ch à 3 850 t/m. La carrosserie de cette élégante voiture, qui atteignait les 150 km/h, est due à Labourdette. Ce modèle fut proposé ensuite avec un moteur plus puissant de 3,6 litres l'entraînant à 175 km/h.*

▲ *Mercedes-Benz 770 Grosser 1932 8 cylindres 7,7 litres à compresseur embrayable, délivrant 200 ch avec suralimentation, ce qui n'était pas de trop pour donner à ce lourd véhicule des accélérations suffisantes. Le luxueux modèle représenté ci-contre fut la voiture de l'empereur Guillaume II, pendant la dernière partie de son exil aux Pays-Bas.*

▼ *Horch Type 670 V-12 6 litres. Ce cabriolet classique est dû au carrossier Spohn. Il possède le pare-brise en trois parties — l'industrie du verre ne savait alors pas fabriquer de pare-brise galbé — qui fut ensuite adopté, avec moins de bonheur, par Hupmobile aux États-Unis et Panhard en France. Horch fut la marque de prestige du groupe Auto Union formé en 1932 par Audi, DKW, Horch et Wanderer.*

seront absorbées dans les années cinquante par Hotchkiss. Delahaye et Hotchkiss s'illustrèrent l'une et l'autre dans le rallye de Monte-Carlo, avant et après la guerre.

Benjamin Hotchkiss, originaire des États-Unis, s'était installé en France en 1867 ; il y mourut en 1885, après avoir mis au point des armes automatiques. La firme d'armement qui portait toujours son nom s'intéressa aux voitures à partir de 1903, ce qui explique les deux canons croisés comme emblème. Cette marque, qui se voulait « le juste milieu », s'illustra avec le modèle *Paris-Nice* 3,5 litres sorti en 1935 et qui, muni d'une boîte de vitesses électromagnétique Cotal, fut encore construit après la guerre. A partir de 1955, Hotchkiss se consacra à la fabrication de véhicules utilitaires.

En Italie, la marque Isotta-Fraschini, dont les plus beaux modèles furent ceux des années vingt, resta prestigieuse pendant la décennie suivante, mais ses ventes diminuèrent. Elle disparut au milieu des années quarante après que son ambitieuse V 8 à moteur arrière, la *Monterosa*, eut essuyé un échec commercial.

Dans les années trente, l'industrie automobile italienne fut surtout remarquable pour ses voitures de sport dont il sera question au chapitre suivant. L'empire FIAT produisit pourtant de belles limousines 6-cylindres. La Lancia V 8 3 litres *Astura* avait de bonnes performances, une excellente tenue de route, une direction douce et précise. Les maîtres carrossiers italiens donnèrent à cette voiture des robes de grand luxe. La sobre élégance d'une *Astura* châssis long carrossée par Pinin Farina soutenait la comparaison avec celle des autres marques européennes prestigieuses.

Les quelques voitures de grand luxe construites dans les années trente en Europe centrale le furent principalement pour le parc automobile des gouvernements : Austro-Daimler et Gräf & Stift en Autriche ; en Tchécoslovaquie Walter, qui fabriqua une V 12 5,7 litres s'ajoutant aux Skoda et Tatra de haut de gamme.

La meilleure voiture hongroise de l'époque, la M.A.G. *Magasix*, ne mérite pas de figurer parmi les classiques et en Scandinavie, la Volvo pas davantage. Cette dernière marque sut profiter de la neutralité suédoise pour préparer l'après-guerre. Ainsi, elle sortit en septembre 1944 sa PV 444, première voiture européenne entièrement nouvelle de la décennie. Sa conception était si bonne que le modèle sportif dérivé PV 544 sera encore construit 20 ans plus tard.

Luxe et puissance outre-Rhin

Benz, de Mannheim, et Mercedes, de Stuttgart, ayant fusionné, la nouvelle marque Mercedes-Benz s'imposa au début des années trente sur le marché de la voiture de luxe avec sa 770 *Grosser,* une 8-cylindres en ligne de 7,7 litres. Quand il mettait en service le compresseur embrayable en enfonçant l'accélérateur, son chauffeur déchaînait 200 ch. Le châssis classique de cette formidable conduite intérieure fut remplacé en 1937 par un châssis tubulaire à roues indépendantes, dérivé de celui des voitures de course, souvent victorieuses sur les circuits.

La massive Maybach V 12 évoque moins le Troisième Reich. Quand sa cylindrée fut portée à 8 litres, en 1931, elle fut baptisée *Zeppelin* (Maybach fabriquant aussi les moteurs des célèbres dirigeables). Une originalité de cette voiture conçue pour les autoroutes était sa transmission, offrant huit vitesses avant et quatre vitesses arrière, commandées par trois leviers, complication peu explicable pour un véhicule équipé d'un moteur à fort couple tournant lentement.

La V12 6 litres Horch, splendide voiture, était moins lourde, mais Horch, comme Mercedes-Benz, consacrait l'essentiel de sa production à des 8-cylindres. Le pare-brise galbé n'existait alors pas, mais on trouve peut-être son origine dans celui en trois parties des Horch du début des années trente, illustré à la page précédente. Hupmobile aux États-Unis et Panhard en France l'adoptèrent, cependant celui de Horch fut esthétiquement le plus réussi.

Aucune de ces automobiles allemandes de luxe des années trente ne sera plus construite après la guerre, et seule Mercedes-Benz relèvera le flambeau des années plus tard, avec des voitures entièrement nouvelles.

Dans le nord de l'Europe, la seule grande classique ayant survécu jusque dans les années trente fut la Minerva belge, qui disparut quand elle fusionna avec Imperia. Depuis, l'entreprise s'est consacrée au montage de voitures étrangères courantes.

La qualité britannique

Grâce à la structure sociale du pays, le marché de la voiture de luxe resta prospère en Grande-Bretagne, quoique la crise eût provoqué, au début des années trente, deux importantes concentrations dans l'industrie automobile.

Il fut un certain temps question que Bentley, qui connaissait des difficultés financières, soit reprise par une autre firme londonienne, Napier, qui avait construit des automobiles

▼ *Élégant cabriolet Bentley 3, 6 litres 1934 carrossé par Gurney Nutting. Cette belle voiture, dérivée de la Rolls-Royce 20/25, équipée d'un moteur 6 cylindres en ligne à soupapes en tête développant 105 ch à 3 750 t/m, fut la première Bentley construite par Rolls-Royce après la reprise de la marque. La « voiture de sport silencieuse » fut disponible à partir de 1936 avec un moteur de 4,3 litres.*

prestigieuses jusqu'en 1924 et était devenue depuis célèbre pour ses moteurs d'avion. Le mariage projeté n'eut pas lieu et c'est finalement Rolls-Royce qui, coiffant Napier au poteau, s'empara de l'affaire.

Rolls-Royce avait remplacé, à la fin des années vingt, sa « petite » voiture par le modèle 20/25 de 3,7 litres. Cette voiture nouvelle fut construite à près de 4 000 exemplaires entre 1929 et 1937. Elle servit de base à la Bentley construite, comme la Rolls-Royce, à Derby, et qui fut décrite dans la publicité comme « la voiture de sport silencieuse ». Rolls-Royce continuait, dans les années quatre-vingts, à donner à ses Bentley une touche plus sportive pour tenter de justifier l'existence des deux marques.

La santé de sir Henry Royce était chancelante : il ne put admirer la grande V 12 qui portait son nom, la *Phantom* III. Il s'éteignit en 1933 et, à partir de cette année, l'insigne RR du radiateur ne fut plus rouge, mais noir. Contrairement à une légende tenace, il n'y eut aucun rapport entre la disparition de la couleur et celle de Royce : le noir fut choisi, car on estimait que le rouge jurait avec la couleur adoptée pour certaines carrosseries.

Les *Phantom* I et II 6-cylindres des années vingt furent construites à près de 4 000 exemplaires. Pendant les années trente, la production de la *Phantom* III dépassa de peu 700. Sa cylindrée (7,3 litres) était légèrement inférieure à celle des précédentes, et cette voiture n'eut pas tout d'abord des performances et une robustesse dignes de « la meilleure voiture du monde ». Une nouvelle culasse fut dessinée en 1938, qui porta la puissance du moteur à 200 ch.

La *Phantom* III fut munie d'une suspension à roues indépendantes et d'autres perfectionnements, mais elle ne jouit jamais de la réputation des *Phantom* I et II, probablement parce que son moteur plus court, qui imposait un capot également plus court, ne permit pas aux carrossiers, quel que fût leur talent, de dessiner des voitures plastiquement plus parfaites que celles-ci.

La seconde concentration de 1931 rattacha Lanchester à Daimler, cette marque faisant partie du groupe BSA depuis plus de vingt ans. Daimler, ainsi nommée depuis le rachat, en 1896, du brevet de Gottlieb Daimler sur le moteur à combustion interne, n'eut jamais aucun lien avec les sociétés Daimler-Benz ou Mercedes-Benz, cette dernière étant aujourd'hui la principale concurrente de Jaguar-Daimler sur le marché international de la voiture de prestige.

La Lanchester, construite à Birmingham, était techniquement au même niveau que la Rolls-Royce. Son ingénieur en chef, George Lanchester, avait dessiné toutes les prestigieuses voitures des années vingt et sa dernière création, une splendide 8-cylindres en ligne, était encore construite en 1932.

Daimler, qui construisait des voitures de grande qualité, mais de conception un peu vieillie, et se préparait à moderniser sa production sous la direction de son ingénieur en chef Laurence Pomeroy, transfuge de Vauxhall, craignait que la réputation de la Lanchester ne lui portât ombrage. Pourtant, la première Lanchester présentée après la fusion, la 15/18, étudiée conjointement par Pomeroy et George Lanchester, remporta le premier rallye du *Royal Automobile Club* (RAC) en 1932, alors qu'une Daimler *Double-Six* se classait deuxième. Le succès de ces deux voitures ne fut pas dû à leurs performances sportives, mais à la transmission originale dont elles étaient toutes deux équipées, et qui leur permit de rouler au pas dans l'épreuve à vitesse réduite, sans que leur embrayage souffrît comme celui des autres concurrentes. Cette transmission comprenait un coupleur hydraulique et une boîte de vitesses pré-sélective permettant de choisir à l'avance un rapport donné au moyen d'un levier, le changement de vitesses proprement dit s'effectuant par une pression sur la pédale remplaçant celle de l'embrayage classique.

La victoire en rallye ne changea pas le destin de la Lanchester. Daimler, poussé par la nécessité, modifia sa politique commerciale et décida de s'attaquer au marché de la voiture moins luxueuse. La Lanchester 15/18, d'une esthétique discutable, fut choisie pour cette mission. Souffrant de l'image pas trop conservatrice attachée à sa marque, Daimler décida d'y remédier. Deux *Double-Six* V 12 sans soupapes furent d'abord modifiées : on abaissa leur châssis et les habilla de carrosseries du genre sportif. Les travaux sur ces deux monstres furent effectués à Brooklands sous la surveillance de Reid Railton qui se fit ensuite connaître non seulement avec les 8-cylindres 4,1 litres (1933) et 6-cylindres 2,7 litres (1938) portant son nom, mais surtout pour le Railton *Mobil Special* de 47,9 litres avec laquelle John Cobb battit trois fois le record du monde de vitesse à Salt Beds en 1938 (563,6 et 595 km/h) et 1947 (633,8 km/h).

Les deux dernières V12 6,5 litres à soupapes en tête (Daimler avait renoncé entre-temps au moteur sans soupape) furent construites en 1935 pour le vingt-cinquième anniversaire du couronnement de George V — une pour lui, une pour la reine

Mary. Ces voitures furent habillées par Hooper d'une massive carrosserie de près de 5,50 mètres de long. On dit qu'elles furent les plus grandes voitures particulières du monde, leur empattement étant de 4 mètres. Celui de la plus longue des *Phantom* II dépassa de peu 3,8 mètres, mais celui de la Bugatti *Royale* atteignait 4,27 mètres.

Daimler construisit aussi de 1934 à 1954 des 8-cylindres en ligne dont certaines reçurent le radiateur de la Lanchester, notamment celles destinées au duc d'York (le futur roi George VI), qui aimait beaucoup cette marque. Celle-ci disparut définitivement en 1956 et le groupe BSA vendit Daimler à Jaguar en 1960. SS *Jaguar* s'efforça pendant les années trente de se hisser au niveau des marques prestigieuses, mais ce n'est qu'après la guerre que Jaguar, la nouvelle marque de la firme, y réussit.

Hybrides et pur-sang

Dans les années trente, les carrossiers britanniques souffrirent de la crise frappant de nombreux constructeurs. Certains tirèrent leur épingle du jeu en habillant luxueusement des châssis ordinaires. C'est ainsi que débuta SS *Jaguar*. Certaines

voitures ainsi construites étaient des hybrides anglo-américaines, telles les Brough Superior-Hudson, Railton Hudson, Lammas-Graham et Jensen-Nash. Cette dernière était équipée, à la fin de la décennie, d'un moteur Nash à 8 cylindres en ligne, et très élégamment habillée en conduite intérieure ou en décapotable. La production des Invicta 6-cylindres 1,5 et 4,5 litres fut arrêtée au milieu des années trente. Jensen construira après la guerre la carrosserie du prototype de l'Invicta *Black Prince* 6-cylindres 3 litres double arbre à cames en tête. Cette belle voiture sera le chant du cygne de la marque.

Lagonda s'était illustrée en remportant, en 1935, les 24 Heures du Mans, devant Alfa Romeo et Aston Martin, avec le modèle M45R *Rapide* 6-cylindres 4,5 litres. Lagonda, en mauvaise posture financière, changea ensuite de mains et Walter Owen Bentley, qui s'était effacé après la reprise de Bentley par Rolls-Royce en 1931, dessina pour la nouvelle direction la série des LG puis, en 1937, la plus belle des voitures de grand tourisme des années trente, la V 12 Lagonda 4,5 litres, qui fut aussi la plus remarquable des « vraies » Bentley.

L'Alvis 4,3 litres de la même époque dépassait aussi les 160 km/h. Elle était habillée par de grands carrossiers, comme

Vanden Plas, mais ne jouissait pas du même prestige que la Lagonda.

Il y eut, dans les années trente, d'autres belles voitures anglaises comme la Lea Francis 6-cylindres 2 litres, la Talbot 105 6-cylindres 3 litres et la Rover. Mentionnons aussi les grosses limousines, admirablement finies, construites par Austin et Humber, et M.G. qui tenta de concurrencer SS-Jaguar.

Les prestigieuses voitures américaines

Aux États-Unis, comme en Europe, la crise entraîna la disparition de nombreuses marques dont l'originale Franklin V 12 refroidie par air forcé (1934) et la Doble (1930), la plus remarquable des voitures à vapeur. Comment aurait-elle pu subsister alors que des marques orthodoxes s'écroulaient et que la production automobile diminuait considérablement. Celle-ci passa de 5,5 millions en 1929 à 4 millions en 1930.

Chrysler innova en 1934 en lançant la *Airflow*, première voiture vraiment aérodynamique construite en série, vendue sous les marques Chrysler, De Soto et Imperial. Dans cette voiture, le moteur était placé très en avant, à cheval sur l'essieu, ce qui permettait de mieux centrer les sièges, améliorant ainsi le confort, et de dégager une place plus importante pour le coffre qui pouvait s'intégrer à la caisse. La construction faisait appel à une structure tubulaire soudée au châssis, solution réservée jusqu'alors à quelques voitures de compétition.

La silhouette très lourde de l'*Airflow*, contrastant avec celle, plus fine, des Chrysler de 1932, déplut à la clientèle. Cette voiture aux performances pourtant excellentes — elle battit plusieurs records américains, dont celui des 500 km (à

◀ *PAGES 58-59. Rolls-Royce 25/30 1936. Cette luxueuse carrosserie de ville est due à Gurney Nutting.*

◀ *MG SA de 1936. Cette conduite intérieure 4 places 4 portes fut lancée pour concurrencer la SS qui avait un grand succès en Grande-Bretagne.*

▼ *Superbe Lagonda LG45 6 cylindres 4,5 litres de 1936, dessinée par Walter Owen Bentley pour concurrencer la Bentley construite par Rolls-Royce, qui avait repris cette marque en 1931.*

▲ *Cadillac 1933 roadster avec spider ouvert. La General Motors avait chargé l'ingénieur Charles Kettering d'étudier une voiture souple et silencieuse pour sa marque de prestige. Il créa une splendide voiture équipée d'un 16 cylindres en V 7,4 litres 185 ch, soupapes en tête commandées par des poussoirs hydrauliques à rattrapage de jeu, et d'une boîte de vitesses synchronisée.*

147,15 km/h de moyenne, qui ne fut dépassé qu'en 1954) fut un échec commercial. Elle fut aussitôt copiée au Japon par Toyota (AA) et en Suède par Volvo (PV 36). Dans ces deux pays, ces voitures furent aussi boudées par les clients. Par contre, Peugeot fut plus heureux en s'en inspirant pour sa 402, de même que FIAT pour ses 1100 et 1500.

Chez Ford, la voiture de haut de gamme était depuis 1922 la Lincoln. Le moteur V 12 Lincoln fut produit en plus grand nombre que n'importe quel V 12 de l'industrie automobile. Il fut monté sur la Lincoln *Zephir* et sur la luxueuse Lincoln *Continental,* qui devint la voiture du président des États-Unis.

Les marques de prestige de la General Motors étaient Buick, La Salle et Cadillac, équipées d'une suspension à roues avant indépendantes, alors que Ford conservera l'essieu rigide jusqu'en 1948. Avant son abdication, le roi Edouard VIII d'Angleterre acheta une grosse Buick noire, au grand désespoir de Daimler qui avait été jusque-là le fournisseur attitré de la cour. Daimler répliqua en sortant une 8-cylindres en ligne de style américain qui se serait peut-être imposée si Edouard VIII n'avait pas abdiqué le 11 décembre 1936 pour pouvoir épouser Mrs. Wallis Simpson. Son frère George VI revint aux Daimler traditionnelles.

On trouvait d'excellents carrossiers dans la plupart des pays possédant une industrie automobile. Les années trente furent pour la plupart les dernières pendant lesquelles ils purent donner pleinement la mesure de leur talent. Des Américains fortunés firent construire des carrosseries spéciales sur des châssis importés d'Europe. En revanche, il fut parfois demandé aux carrossiers européens d'habiller des châssis américains. Les constructeurs d'outre-Atlantique n'ignoraient pas l'intérêt commercial de « personnaliser » leurs voitures de prestige, et c'est pourquoi le nom du carrossier fut souvent ajouté à celui de la marque. Les plus remarquables de ceux-ci furent Denham, Dietrich, Fisher, Judkins, Le Baron, Murphy et Willoughby.

Mis à part les trois grands — Chrysler, Ford et General Motors — Packard resta le constructeur le plus réputé, en raison de son moteur V 12 et de la variété des carrosseries de luxe qu'il proposait. Studebaker ne se fera connaître, pour le style original des voitures dues à Raymond Loewy, qu'après la guerre. Cette marque mérite cependant une mention spéciale, ne serait-ce qu'en raison de sa longévité : les premiers chariots Studebaker roulèrent en 1852 ; cinquante ans plus tard, Studebaker fabriquait des moteurs électriques. Après avoir tenté de sauver Pierce-Arrow, puis Packard, la marque disparaîtra définitivement en 1966. Les autres constructeurs de voitures en grande série, Hudson et Nash — qui formeront plus tard le noyau d'American Motors — ne produisaient pas dans les années trente d'automobiles qu'on puisse ranger parmi les classiques.

Les fameuses marques indépendantes

La crise affecta davantage les marques indépendantes se consacrant aux voitures de luxe que les grands constructeurs dont le gros de la production était fait de voitures moyennes. Ainsi, le début des années trente vit la disparition, entre autres, des splendides Marmon et Stutz.

Pourtant Pierce-Arrow, la plus prestigieuse des grandes classiques américaines, échappa au désastre presque jusqu'à la Deuxième Guerre mondiale. En proie à des difficultés financières, elle fut reprise en 1928 par Studebaker qui poussa la production à 10 000 exemplaires l'année suivante. Néanmoins, les ventes diminuèrent de nouveau au début des années trente, et Studebaker passa la main à un groupe de financiers de Buffalo (État de New York), patrie de la marque. La Pierce-Arrow se caractérisait depuis 1913 par des phares intégrés aux ailes et une impressionnante calandre. La tradition fut respectée pour la *Silver Arrow*, excentrique et fabuleuse, qui fut présentée à l'exposition internationale de Chicago en 1933. Cette voiture, fruit d'un sérieux effort de profilage — les roues

de secours étaient entièrement dissimulées à l'intérieur des ailes enveloppantes —, qui avait des années d'avance sur ses contemporaines, n'aurait été construite qu'à cinq exemplaires. Les magnifiques Pierce-Arrow à 8 et 12 cylindres furent fabriquées jusqu'en 1938, année qui vit la disparition de cette marque fondée en 1901.

C'est chez Auburn-Cord-Duesenberg que furent construites les plus fascinantes des grandes voitures américaines classiques. Le patron d'Auburn, Errett Lobban Cord, qui avait racheté Duesenberg en 1926, ne produisit la première voiture portant son nom, la Cord L-29 traction avant qui influença la construction automobile dans le monde entier, que trois ans plus tard. L'habileté de Cord lui permit de résister victorieusement aux premières années de la crise. Il offrit en 1932 l'unique 12-cylindres qui fut jamais vendue moins de $ 1000, la 6,4 litres Auburn de 160 ch. Gordon Buehrig, qui avait participé à l'étude de cette voiture, donna toute la mesure de son talent avec la Cord de la seconde génération. Cette très belle voiture, conduite intérieure ou décapotable, avait une caisse profilée très basse, une calandre et un capot très discrets pour une voiture américaine, des phares dissimulés dans les ailes (un levier permettait de les faire pivoter pour la conduite de nuit) et ne comportait pas de marchepied.

▼ *Lincoln Continental V-12 1942. La capote de cette voiture de prestige construite par Ford était à commande hydraulique et sa boîte de vitesses à trois rapports était dotée d'une surmultiplication s'engageant automatiquement à la vitesse adéquate. Le conducteur pouvait rétrograder au moyen de la pédale d'accélérateur.*

Cette Cord type 810 V8 4,7 litres 125 ch était, comme la précédente, une traction avant. Elle possédait une suspension avant à roues indépendantes et une boîte de vitesses à 4 rapports à commande hydraulique-électrique permettant la présélection. Des ennuis de transmission retardèrent la sortie de cette voiture révolutionnaire, dont une version munie d'un compresseur, le type 812, fut présentée en 1937. Ce splendide véhicule dépassait aisément les 160 km/h, mais son prix était trop élevé pour le marché d'alors et l'entreprise Cord s'effondra peu après. Moins de 2 500 Cord 810/812 avaient été construites.

Les matrices de la carrosserie de la Cord finirent chez Graham-Paige où elles servirent entre 1939 et 1941 à la fabrication d'environ 2 000 Graham *Hollywood* et 350 Hupmobile *Skylark,* extérieurement similaires à leur illustre devancière.

La troisième victime de la disparition de l'entreprise Cord fut Duesenberg. Peut-être mécaniquement moins parfaite et moins méticuleusement finie que la Rolls-Royce ou l'Hispano-Suiza, la Duesenberg fut la plus puissante des grandes classiques américaines. Alors que Cadillac et Marmon proposaient des V16, Duesenberg choisit un moteur 8-cylindres en ligne à double arbre à cames en tête dérivé de la compétition, développant 265 ch à 4 200 tours (320 ch pour le modèle SJ à compresseur), équipant un châssis muni d'un système de graissage automatique entraîné par le moteur. Cette voiture fut habillée par les plus grands carrossiers américains. Fred Duesenberg se tua en 1932 au volant de ce monstre de 2 800 kilos. Son frère Auguste continua à travailler avec Cord et tenta vainement, dans les années quarante, de faire revivre la marque portant son nom.

La disparition d'Auburn, Cord et Duesenberg, marques qui furent au pinacle du classicisme automobile américain, marqua la fin d'une époque. Le temps où un constructeur pouvait connaître la célébrité avec quelques centaines de châssis était révolu. L'après-guerre connaîtra l'automation, la limitation presque généralisée de la vitesse, la multiplication des règlements routiers. L'homme, auquel la voiture devait apporter la liberté, est devenu l'esclave de sa création.

Berline 4 portes Pierce-Arrow modèle 1602 de 1936 à roues indépendantes, équipée d'un V-12 175 ch muni d'un système de poussoirs de soupapes à rattrapage de jeu hydraulique, reprenant un brevet d'Amédée Bollée Fils datant d'une quarantaine d'années.

Cord 810 de 1936 équipée d'un moteur V-8 4,7 litres développant 125 ch à 3 200 t/m. Cette voiture révolutionnaire, à traction avant comme le Cord L-29 de 1929, était disponible avec un compresseur.

Aucun ouvrage consacré aux voitures classiques d'avant-guerre ne serait complet sans un chapitre sur les voitures de sport. Il n'existe pas de définition précise de la voiture de sport, sinon qu'elle a généralement des performances et une tenue de route supérieures à celles des autres automobiles et que sa silhouette est, comme de juste, de style sportif. Elle a joué, dans l'histoire de l'automobile, un grand rôle dans les compétitions et la plupart des marques de voitures de sport se sont illustrées dans les rallyes et souvent aussi sur les circuits.

La France a toujours été considérée comme la patrie de la compétition automobile. Le Grand Prix d'endurance des 24 Heures du Mans est la course la plus célèbre du monde ; le rallye de Monte-Carlo, qui se déroule principalement sur le territoire français, n'occupe peut-être plus la première place, mais il demeure un des événements du sport automobile les plus prestigieux, que bien des pilotes chevronnés aimeraient ajouter à leur palmarès.

Les 24 Heures du Mans, courues pour la première fois en 1923, ont été dominées dans les années vingt par les grosses Bentley qui remportèrent cinq des huit premières épreuves (1924, 1927, 1928, 1929, 1930), les autres vainqueurs étant Chénard-Walker (1923) et Lorraine (1925, 1926). Puis Alfa Romeo gagne 4 fois (1931 à 1934). Après une victoire de Lagonda en 1935, la France retrouva la première place en 1937 (l'épreuve n'eut pas lieu en 1936 en raison des grèves) et 1939, grâce à Bugatti.

Jusqu'à l'invasion allemande des circuits en 1934, Bugatti domina les Grands Prix comme dans la seconde partie des années vingt. Ensuite, seules les courses de voitures de sport restèrent à la portée des voitures françaises. C'est pourquoi le Grand Prix de France 1936 fut réservé aux voitures de sport. Bugatti prépara une version profilée de la 57 — dernière-née des grand tourisme de Molsheim. Elle remporta la course des 1 000 kilomètres, puis les 24 Heures du Mans à deux reprises. La caisse enveloppante de ces voitures à compresseur n'évoquait pas le style habituel des Bugatti, mais on ne peut imaginer plus brillante combinaison de l'art de l'ingénieur et de celui du styliste, que le coupé 57 S dessiné par Jean Bugatti. Cette belle voiture de 1935, équipée d'un moteur à 8 cylindres en ligne de 3,3 litres double arbre à cames en tête développant 180 ch dépassait les 200 km/h. Un modèle à compresseur (57 SC), plus nerveux et encore plus rapide, sortit de Molsheim en 1937. Ces

voitures étaient dérivées du type 57 de 1934, une des plus belles voitures de grand tourisme jamais construites. Après l'accident mortel de Jean Bugatti en 1939, la Deuxième Guerre mondiale et la disparition d'Ettore Bugatti en 1947, l'usine de Molsheim fabriqua en 1950, à une dizaine d'exemplaires, une voiture (type 101) à carrosserie ponton, sur la base du châssis et du moteur de la 57 d'avant-guerre, qui ne réjouit pas le cœur des fanatiques de la marque. Après une apparition désastreuse en compétition, en 1956, avec une voiture qui n'avait plus rien d'une Bugatti, l'usine de Molsheim passa à Hispano-Suiza qui

◄ *PAGES 66-67. SS Jaguar 100 de 1939, 6 cylindres 3,5 litres soupapes en tête atteignant les 160 km/h, une des plus belles voitures de sport anglaises de l'immédiat avant-guerre.*

▼ *Bugatti 57 Grand Tourisme de 1936, 8 cylindres en ligne 3,3 litres double arbre à cames en tête, développant 125 ch à 4 500 t/m. Rare carrosserie due à Guilloré.*

► *Talbot-Lago 1938 6 cylindres 4,5 litres, une Grand Tourisme française classique d'avant-guerre. Ce modèle, carrossé grand sport, a pris les deux premières places aux 24 Heures du Mans 1950.*

n'y construisit plus de voitures.

La seule autre voiture française qui gagna les 24 Heures du Mans pendant les années trente fut, 1938, Delahaye, qui remporta aussi le rallye de Monte-Carlo en 1937 et 1939. Il faut à ce propos mentionner Hotchkiss qui brilla souvent dans cette épreuve avec des voitures de grand tourisme qu'on ne saurait toutefois qualifier de voitures de sport.

Delage, qui avait remporté en 1925 le Grand Prix de l'A.C.F. avec une extraordinaire V 12 2 litres à compresseur, passa en 1935 sous le contrôle de Delahaye. Delage ne gagna jamais les 24 Heures du Mans, mais emporta le *Tourist Trophy* britannique en 1938 avec une 3-litres.

Ces voitures furent — mises à part les Alfa Romeo — les plus rapides des voitures de sport et de tourisme sportif des années trente. Il y eut aussi pendant cette décennie de nombreuses petites voitures de sport françaises. La France resta une fois de plus en tête dans ce domaine jusqu'à l'apparition des voitures de sport britanniques, dont la tête de file fut M.G.

Les trois grands constructeurs français, Citroën, Peugeot et Renault, concentrèrent, pendant les années trente, leurs efforts sur les records sur longues distances. Pourtant la 402 Peugeot 2-litres, modifiée par Émile Darl'Mat, fut une voiture sportive renommée pour sa fiabilité. Elle se classa 7ᵉ, 8ᵉ et 10ᵉ au Mans en 1937 et arriva en 5ᵉ position en 1938. Ce rare modèle profilé est illustré page 39.

J.A. Grégoire, pionnier de la traction avant depuis sa Tracta de 1926, étudia pendant l'occupation une voiture économique pour l'après-guerre. En 1942 déjà il avait construit, avec la collaboration de la société de l'Aluminium français, le prototype d'une voiture légère à traction avant équipée d'un moteur à deux cylindres à plat refroidi par air. Ce modèle aurait pu être construit dès la Libération. Il fut d'abord question de la

fabriquer sous licence en Australie, en Grande-Bretagne et aux États-Unis. C'est finalement Panhard qui mena à bien ce projet, et la voiture fut mise en vente sous le nom de Dyna-Panhard. Des voitures dérivées de ce modèle s'illustrèrent aux 24 Heures du Mans en remportant régulièrement la victoire à l'indice de performance. La société Panhard sera absorbée par Citroën, elle-même contrôlée depuis longtemps par Michelin, le grand fabricant de pneumatiques.

D'Alfa Romeo à Ferrari

L'Italie, patrie de l'extraordinaire course de Mille Milles, compte davantage de fanatiques des courses automobiles et des voitures de sport que n'importe quel autre pays. Elle a donné à l'automobile de grands ingénieurs, de talentueux stylistes et de formidables pilotes. Deux marques dominèrent les années trente : Maserati et Alfa Romeo.

La plupart des Maserati furent des monoplaces de course. Ce n'est qu'après la guerre que cette marque se fera un nom dans le monde de la voiture de sport.

► *Fiat 508S Balilla 1935, moteur 4 cylindres 995 cm³ à soupapes en tête, développant 36 ch à 4 000 t/m. Sa cylindrée a été portée à 1 089 cm³ en 1937, et son châssis muni d'une suspension avant à roues indépendantes.*

▼ *Alfa Romeo 8C 1932 carrosserie Touring, vitesse 170 km/h. Cette voiture de sport due à Vittorio Jano, une des plus réussies du début des années trente, était équipée d'un moteur 8 cylindres en ligne 2,3 litres double arbre à cames en tête compresseur, développant 160 ch à 5 000 t/m. Elle a remporté les 24 Heures du Mans de 1931 à 1934.*

Alfa Romeo en revanche s'illustra en course comme en sport, remportant les Mille Milles chaque année de 1928 à 1939, à l'exception de 1931 qui vit la victoire de Mercedes-Benz, une Alfa Romeo se classant deuxième. BMW remporta la course en 1940, devant une Alfa Romeo. Après quatre victoires consécutives aux 24 Heures du Mans, Alfa engagea pour le Grand Prix d'Allemagne 1935 une monoplace P3 de 2,9 litres, au volant de laquelle Tazio Nuvolari, le plus grand des pilotes italiens, remporta la victoire devant la coalition des formidables Mercedes-Benz et Auto Union.

L'ingénieur en chef d'Alfa Romeo était alors Vittorio Jano, qui avait quitté FIAT au milieu des années vingt. S'inspirant des 1 500 et 1 750 cm³ double arbre à cames en tête de 1926 et 1929 qui, dans leurs versions à compresseur, furent, avec les Bugatti, les plus belles voitures de sport de l'époque, il dessina en 1931 le type 8C, 2,3 litres double arbre et compresseur développant 160 ch à 5 000 tours. Apparemment indifférente à la crise qui entraîna sa nationalisation en 1933, la marque présenta en 1934 une 6-cylindres de la même conception, puis en 1935 une 8-cylindres 2,9 litres double arbre à cames en tête à deux compresseurs et suspension avant à roues indépendantes, qui fut offerte en version sport jusqu'en 1939 (type 8C 2 900). Quand la nouvelle V-12 engagée au Grand Prix d'Italie 1937 fut contrainte à l'abandon sur ennuis mécaniques, Jano fut injustement remercié. C'est ainsi que le père d'une des plus belles voitures de sport du monde mit son talent au service de Lancia où il conçut l'*Aurelia*, une des plus remarquables voitures de grand tourisme de l'après-guerre.

Dans les années trente, FIAT ne figura pas parmi les vedettes de la compétition, mais remporta de nombreuses épreuves réservées aux petites voitures avec la 508S *Balilla* 1 litre de 1934. La Fiat 1100 *Nuova Balilla,* qui lui succéda, fut construite en France sous le nom de Simca-Huit à partir de 1936.

La FIAT 508 allait aussi donner indirectement naissance à la première voiture due à Ferrari. C'est en 1920 que le jeune Enzo Ferrari entra comme pilote chez Alfa Romeo où ses talents d'organisateur furent bientôt reconnus. C'est lui qui fut à l'origine de l'engagement de Vittorio Jano. Quand Alfa Romeo se retira officiellement de la compétition pour la saison 1933, Ferrari forma, avec le soutien de la firme, la Scuderia Ferrari qui allait s'illustrer sur les circuits avec les Alfa Romeo préparées dans son garage de Modène. Ferrari, qui n'était plus tout jeune et savait qu'il n'égalerait jamais les plus grands pilotes, renonça personnellement à la course, mais il eut toujours soin d'engager dans son équipe les as du volant.

En 1938, Alfa Romeo décida de recréer son propre service courses basé à Milan. Enzo Ferrari, qui avait pris goût à l'indépendance, créa peu après à Modène sa propre entreprise, Auto Avio Costruzioni. Le contrat liant Ferrari à Alfa Romeo stipulait que celui-ci s'interdirait de construire des voitures sous son nom pendant un certain temps après la fin de sa collaboration, la Scuderia Ferrari étant étroitement liée, dans l'esprit du public, à la marque Alfa Romeo.

Ferrari prépara deux voitures pour les Mille Milles de 1940 à partir d'un châssis de Fiat 508 modifié, sur lequel il monta un 8-cylindres en ligne pour la fabrication duquel il eut aussi recours à certains éléments du moteur de la 508. Ces voitures furent les plus rapides de la catégorie 1 500 cm³, mais durent abandonner sur ennuis mécaniques (transmission).

Les célèbres Ferrari V 12 furent certainement conçues pendant la guerre, mais les premières ne virent le jour qu'en 1947. La marque s'imposa vite, remportant les Mille Milles de

1948 à 1953, les 24 Heures du Mans en 1948, la Targa Florio en 1948 et 1949. Cette année 1949 fut celle de la révélation des Ferrari qui, engagées dans 51 épreuves, en remportèrent 32, ouvrant un chapitre glorieux du sport automobile d'après-guerre.

Les grosses Allemandes et les autres
Outre la France et l'Italie, le seul pays d'Europe continentale où des voitures de sport et de course furent produites dans les années trente fut l'Allemagne. L'impressionnante Mercedes-Benz SSKL, équipée d'un moteur 6-cylindres 7,1 litres muni d'un énorme compresseur à étages lui permettant de développer près de 300 ch, possédait un châssis allégé par une multitude de trous. Cette voiture fut chronométrée à plus de 250 km/h. En 1931, Rudolf Carraciola, le plus grand pilote allemand, remporta à son volant le Grand Prix d'Allemagne sur le circuit de l'Avus, battant Bugatti et Alfa Romeo, et les Mille Milles devant Alfa Romeo. La même année, une Mercedes se classa deuxième aux 24 Heures du Mans derrière Alfa Romeo et devant Talbot.

Adolf Hitler devint chancelier en janvier 1933 et le gouvernement nazi, conscient du prestige attaché à la course automobile et soucieux de propagande, prit des mesures en vue d'affirmer la supériorité allemande sur les circuits. En plus d'incitations d'ordre réglementaire et fiscal, un important prix en espèces devait récompenser le constructeur ayant remporté le plus grand nombre de succès en course pendant la saison 1934. Il en résulta une sévère compétition, qui devait durer jusqu'à la guerre entre Mercedes-Benz et Auto-Union, qui regroupait Audi, DKW, Horch et Wanderer. Mercedes prépara une 8-cylindres 5 litres compresseur d'architecture orthodoxe, tandis que Ferdinand Porsche dessinait pour Auto-Union une formidable voiture de compétition comprenant un châssis tubulaire, 4 roues indépendantes, suspension par barres de torsion et un moteur V 16 de 4,4 litres développant 300 ch,

---

▶ *BMW 328 de 1936. Cette petite voiture de sport classique, légère — 800 kg — et aérodynamique, était équipée d'un moteur 2 litres à soupapes en tête 3 carburateurs, 85 ch à 4 500 t/m lui permettant de dépasser les 155 km/h. Elle possédait un châssis tubulaire et une suspension à roues indépendantes. Un modèle de compétition muni d'un moteur de 135 ch remporta les Mille Milles en 1940.*

▼ *Carraciola sur Mercedes-Benz No 7 bat Rosemeyer sur Auto Union à moteur arrière sur le circuit de l'Eiffel, en 1935.*

monté derrière le pilote. Le Grand Prix d'Allemagne 1934 fut enlevé par Auto-Union devant Mercedes et Alfa Romeo. L'effort allemand, soutenu par des moyens considérables, mit fin au règne d'Alfa Romeo et de Bugatti sur les circuits, et les bolides d'outre-Rhin écrasèrent toute opposition en 1938 et 1939, laissant les voitures anglaises, françaises et italiennes s'affronter dans les épreuves réservées aux voitures de sport.

Entre-temps, Mercedes-Benz avait étudié une 4-cylindres de cylindrée relativement modeste avec moteur monté à l'arrière, qui exista en versions limousine et sportive, et fut un échec complet.

Deux autres voitures allemandes de sport firent parler d'elles durant la seconde moitié de la décennie. Adler engagea sa *Rennlimousine* 1,7 litre profilée aux 24 Heures du Mans, où elle se classa 6e en 1937 et 1938. Cependant, la voiture sportive classique de cette époque fut la BMW 328 6-cylindres 2 litres qui se situait à l'antipode de la grosse Mercedes-Benz. Fine, légère et aérodynamique, d'un prix relativement abordable, bénéficiant d'une direction précise et d'une excellente tenue de route, elle se montra l'égale des meilleures de sa catégorie. Une version

profilée de cette remarquable voiture, pilotée par von Hanstein, remporta les Mille Milles de 1940 — exceptionnellement courus sur neuf tours d'un circuit Brescia - Crémone - Mantoue - Brescia - à plus de 165 km/h, devant l'Alfa Romeo 2,5 l de Farina et la seconde BMW engagée.

La diversité britannique

L'industrie automobile anglaise de la voiture de sport, se réveillant de sa relative torpeur, produisit dans les années trente une grande variété de voitures, se préparant ainsi à devenir, après la guerre, le principal exportateur de véhicules de cette catégorie.

C'est dans les années vingt que naquit à Oxford la célèbre M.G. (Morris Garages), qui ne fut d'abord qu'une version modifiée de la petite Morris. La première M.G. *Midget* (4-cylindres 847 cm³ simple arbre à cames en tête) vit le jour en 1929. Cette voiture relativement peu coûteuse, dont la silhouette devint célèbre dans le monde entier, permit à de nombreux amateurs de goûter pour la première fois aux joies de la conduite sportive. Une M.G. remporta le *Tourist Trophy* en 1931 devant une Alfa Romeo, en 1933 (pilotée par le grand Nuvolari) devant une autre M.G., et en 1934 devant une Bentley. Les différentes versions de la M.G. *Midget,* équipées de moteurs plus ou moins puissants, avec ou sans compresseur, seront construites pendant deux décennies.

Bentley, qui avait remporté cinq fois les 24 Heures du Mans, était maintenant passée sous le contrôle de Rolls-Royce. La Bentley qui se classa seconde au *Tourist Trophy* en 1934, 1935 et 1936, était en fait une Rolls-Royce 20/25 de 1929 d'allure plus sportive. Ce modèle fut engagé pour la dernière fois aux 24 Heures du Mans de 1950 et la « voiture de sport silencieuse » termina en huitième position, ce qui était plus qu'honorable pour un véhicule conçu quelque vingt ans plus tôt.

Les autres marques anglaises de voitures de sport furent si nombreuses dans les années trente qu'il est impossible de les citer toutes. Les principales, dont la plupart survivront à la Deuxième Guerre mondiale, furent les suivantes dans l'ordre alphabétique :

AC, qui produisait déjà une bicylindre en 1921, fabriquait aussi le moteur 6-cylindres 2 litres arbre à cames en tête qui équipa la première voiture britannique à gagner le rallye de Monte-Carlo en 1926. Ce moteur fut monté en 1936 sur l'AC 16/80 Ace. On le retrouvera sur l'AC de 1953.

La Allard de 1938 était construite autour d'un V 8 Ford ou d'un V 12 Lincoln. Sidney Allard en fera immédiatement après la guerre une voiture capable de gagner le rallye de Monte-Carlo et de se classer 3e au Mans en 1950.

Alta construisit dès 1931 une 4-cylindres 1,1 litre double arbre à cames en tête, porté ensuite à 1,5 puis 2 litres, muni ou non d'un compresseur, puis cette marque se consacra aux monoplaces de compétition.

Alvis produisit des voitures de sport dès 1920 et, dans les années trente, plusieurs modèles allant d'une traction avant 4 ou 8-cylindres 1,5 litre, avec ou sans compresseur, à une 6-cylindres 4,4 litres plus orthodoxe. La *Super Sports* de 1948 fut une 4-cylindres 2 litres, suivie en 1950 d'une 6-cylindres 3 litres.

Aston Martin, qui changea plusieurs fois de propriétaire, remporta, avec une 4-cylindres arbre à cames en tête de 1,5 puis de 2 litres, la victoire à l'indice de performance aux 24 Heures du Mans en 1932, 1935 (3e à la distance) et 1937. La marque gagnera enfin les 24 Heures en 1959 avec la DB 2/4 6-cylindres 3 litres double arbre.

L'Austin *Seven,* profondément modifiée par Murray Jamieson (arbre à cames en tête et compresseur) avait des performances remarquables pour une voiture équipée d'un moteur de 750 cm^3 seulement.

Frazer Nash, malgré son puissant moteur, était encore fidèle, au milieu des années trente, à une transmission par chaînes. Dès 1934, cette entreprise distribua en Grande-Bretagne la BMW de sport sous la marque Frazer Nash-BMW, laissant ainsi entendre

Riley Sprite 1936 équipée d'un moteur 1,5 litre à soupapes en tête, développant 60 ch à 5 500 t/m. Avant d'être absorbée par le groupe Nuffield, la marque produisit une grande quantité de voitures de sport.

que cette voiture allemande était construite dans le Royaume-Uni. La première Frazer Nash d'après guerre, construite en Grande-Bretagne, fut aussi équipée d'un 6-cylindres 2 litres.

La biplace légère HRG, sortie en 1936, qui faisait appel à un moteur 4-cylindres 1,5 litre Meadows, se comporta honorablement aux 24 Heures du Mans.

Invicta utilisa aussi un moteur Meadows (6-cylindres 4,5 litres) pour son type S de 1930, une voiture basse au capot riveté impressionnant, qui remporta le rallye de Monte-Carlo en 1931. L'Invicta 12/45 de 1933 était un 6-cylindres 1 500 cm³ arbre à cames en tête, qui fut aussi disponible avec compresseur et double arbre. Cette marque produisit en 1847 le modèle *Black Prince* 3 litres double arbre.

Lagonda équipa aussi, de 1933 à 1936, sa 4,5 litres d'un moteur Meadows. Cette voiture gagna les 24 Heures du Mans 1935 devant une Alfa Romeo. La V 12 de 1937, due à W.O. Bentley, fut généralement carrossée en voiture de luxe, mais une version sportive se classa 3ᵉ et 4ᵉ en 1939 aux 24 Heures du Mans, derrière Bugatti et Delage. C'est après la guerre que David Brown, fabriquant de tracteurs, racheta Aston Martin et Lagonda.

Lea-Francis, qui avait remporté le *Tourist Trophy* en 1928, survécut difficilement à la crise. La marque existait pourtant encore après la guerre (type 14 HP 1,8 litre de 1948, porté à 2,5 litres en 1950).

Morgan, entreprise familiale qui fut la championne des trois roues de 1910 à 1950, présenta en 1935 une voiture à 4 roues équipée d'un 4-cylindres de 1 122 cm³. Cette voiture fut livrée de 1946 à 1951 avec un moteur de 1 200 cm³. La marque est restée fidèle au style des voitures de sport des années trente avec ses 2-litres de 1951 et 1954 (également livrées avec des moteurs de 1 000 et 1 200 cm³).

Riley s'illustra en remportant le *Tourist Trophy* en 1932, 1935 et 1936, et en se classant en deuxième et troisième position derrière Alfa Romeo aux 24 Heures du Mans de 1934. Freddie Dixon et Raymond Mays adaptèrent cette voiture pour la compétition. C'est elle qui fut à l'origine de la monoplace ERA, la plus fameuse des voitures de course d'avant-guerre. Riley présenta en 1945 un 4-cylindres 2,5 litres. La marque a aujourd'hui disparu.

Singer construisit la petite voiture sportive à deux places la plus populaire en Grande-Bretagne avec la Riley et la M.G. Elle fut équipée de moteurs 4-cylindres de 1 litre et 1,5 litre et de 6-cylindres 1,5 litre, tous à arbre à cames en tête. Singer produisit encore des voitures de même style après la guerre.

SS *Jaguar*, dont il a été question dans les chapitres précédents, présenta en 1936 sa première voiture équipée d'un moteur fabriqué par la firme. Quand ce 6-cylindres 2,5 litres fut porté à 3,5 litres en 1937, SS put offrir la seule voiture anglaise

▼ *Morgan Super Sports 1933 équipée d'un moteur JAP à 2 cylindres en V à soupapes en tête, munie d'une originale suspension avant à débattement vertical et ressorts hélicoïdaux, et de freins hydrauliques. Une des rares entreprises de véhicules à moteurs qui soit demeurée familiale jusqu'à aujourd'hui, Morgan fut, de 1910 à 1950, le champion des trois roues.*

coûtant moins de £ 500 capable de soutenir les 160 km/h (la Frazer Nash-BMW coûtait £ 695). L'entreprise de William Lyons prit après la guerre le nom de Jaguar, qui devint célèbre quand la XK 120 (6-cylindres 2,5 litres double arbre à cames en tête) conquit les deux premières places au *Tourist Trophy* en 1950 et 1951, et quand la marque remporta 4 fois les 24 Heures du Mans en 1953, 1955, 1956 et 1957.

Sunbeam, grand nom des années vingt, passa au groupe Rootes et perdit son caractère.

Talbot, qui s'illustra avec son modèle 105 de 1932 (6-cylindres 3 litres, puis 3,5 litres) disparut, absorbée par Rootes.

Triumph enfin déclina avant la guerre et retrouva la célébrité à partir de 1953 avec ses TR2 et TR3 2 litres.

Aux États-Unis, il n'existait pas dans les années trente de courses de voitures de sport comme l'Europe les connaissait, si ce n'est celles organisées près de New York, sur des terres, par la richissime famille Collier et quelques autres, dont la plus remarquable eut lieu en 1940 autour de l'emplacement de l'exposition internationale de New York.

Les fabuleuses Auburn, Duesenberg et Stutz conçues la décennie précédente continuèrent leur carrière dans les années trente. Il faut leur ajouter la splendide Cord 810/812 dont il a été question précédemment. Mentionnons encore les voitures de compétition dessinées par le génial Harry Miller qui dominèrent si souvent Indianapolis, ne serait-ce que pour l'influence qu'elles ont exercées sur Ettore Bugatti, père des plus belles voitures classiques.

▶ *Une des deux seules Duesenberg SSJ cabriolet décapotable châssis court 1935 jamais construites. Cette splendide voiture avait des accélérations phénoménales — 0 à 160 km/h en 17 secondes — grâce à son moteur 8 cylindres en ligne double arbre à cames en tête 6,9 litres avec compresseur, développant 320 ch à 4 750 t/m.*

▼ *Grand Prix de Monaco 1933. Varzi sur Bugatti 51 (No 10) et Nuvolari sur Alfa Romeo Monza (No 26).*

INDEX

Remerciements

Les éditeurs tiennent à remercier les organismes et personnes suivants qui les ont aimablement autorisés à reproduire les illustrations de cet ouvrage :

Auburn-Cord-Duesenberg Museum 64-65 ; Neill Bruce 1, 4-5, 12, 13 bas, 20 encadré, 22-3, 24-25, 26-27, 30, 33, 50-51, 56-57, 70, 76, 77, 78 ; *Classic and Sportscar* (Mel Drew) 43, 51 ; Conservatoire National des Arts et Métiers 8, 9 ; Ian Dawson/Octopus Books 45 haut, 60-61, 66-67, 79 haut ; Geoffrey Goddard 20-21, 48-49 ; Jaguar-Daimler Photographic Department 32-33 ; Chris Linton/Octopus Books 2-3, 6-7, 30-31, 58-59, 74-75 ; Long Island Automotive Museum, N.Y./Henry Austin Clark Jr 19 haut, 35, 46-47, 62, 63 ; Andrew Morland 36-37 ; National Motor Museum, Beaulieu 17, 18, 43, 70-71 ; Charles Pocklington 26 gauche ; Cyril Posthumus 29 haut, 41 encadré, 52 encadré, 79 haut ; Renault, France 13 haut ; Peter Roberts 15, 16, 19 bas, 26 droite, 38-39, 42, 44, 72 gauche ; Bobbie'dine Rodda 65 ; Rainer Schlegelmilch/Octopus Books 10, 11, 28-29, 54 encadré, 72-73 ; Halwart Schrader 39, 40-41 (Wieslaw Fusaro) 54-55 ; Andrew J. Whyte 45 bas ; Nicky Wright/Octopus Books 14-15 ; Franco Zagari 25, 29 haut, 52-53, 61, 68-69.

Ils tiennent aussi à remercier :

The Bicton Hall of Transport, BMW Museum, Briggs Cunningham Automotive Museum, D. Buller-Sinfield, Roger Cook, Leyland Heritage, Long Island Automotive Museum, N.Y., Richard Lowe, Tom Mason, Mercedes-Benz Museum, Midland Motor Museum, Kenneth Neve, Nigel Dawes Collection, Rex Sevier, Keith Storey, Michael Turvill.